律师教你玩众筹

办公司做融资必备工具书

众筹融资实战手册

一个筹台子的实操经过

鲁辉 著

中国政法大学出版社

2019·北京

声　明　1. 版权所有，侵权必究。
　　　　2. 如有缺页、倒装问题，由出版社负责退换。

图书在版编目（ＣＩＰ）数据

众筹融资实战手册/鲁辉著．—北京：中国政法大学出版社，2019.8
ISBN 978-7-5620-9132-5

Ⅰ.①众… Ⅱ.①鲁… Ⅲ.①融资模式－法律－中国－手册 Ⅳ.①D922.28-62

中国版本图书馆CIP数据核字(2019)第170039号

出 版 者	中国政法大学出版社
地　　址	北京市海淀区西土城路 25 号
邮寄地址	北京 100088 信箱 8034 分箱　邮编 100088
网　　址	http://www.cuplpress.com（网络实名：中国政法大学出版社）
电　　话	010-58908586(编辑部) 58908334(邮购部)
编辑邮箱	zhengfadch@126.com
承　　印	北京中科印刷有限公司
开　　本	650mm×980mm　　1/16
印　　张	15.25
字　　数	220 千字
版　　次	2019 年 8 月第 1 版
印　　次	2019 年 8 月第 1 次印刷
定　　价	46.00 元

编者话
EDITOR'S NOTE

2014年,"众筹"在国内刚出现的时候,很受企业家朋友们的热捧,当时线上线下同时开花,涌现出了许多成功案例,例如线上的消费产品众筹和线下的咖啡馆平台众筹等,极大促进了创业。但也有人抱怨众筹难做,主要是因为做起来太难、搞不好项目就会失败或者踩到"集资红线"等。在市面上,讲众筹思维和理论的书很多,但描写实操案例的很少,特别是法律实操方面的书更是少之又少,几乎没有。

能否有一本书,记录整个实操过程,帮助企业家朋友们创业,少走弯路和错路?

现在社会对企业家的要求很高,不仅要有好产品,更要有新产品。在律师业务方面,也要求我们研发创新产品。我主要研究公司和金融领域,从2017年就开始研究和分析众筹了,每晚写一篇《简书》,写了大概有一年左右时间,另外这几年一直在跟个"筹台子"项目,希望通过实操案例来检验和锻炼技术,然后把成形的东西拿出来,解开相应的困惑。

这本书主要讲的是项目实操,定位于法律工具书,记录了平台众筹的全流程经过,因而也具有一些"商务功能"。在"法律实操方面",主要是介绍发起众筹项目需要遵循哪些法律规定、准备哪些法律文本等;在"商务功能方面",主要是介绍怎么做众筹、做众筹应具备的各种条件及相关实操步骤等,所以很适合企业家和律师这两类读者阅读。为了让大家有个更清晰的认识,我还尝试性的编了个《众筹融资法律操作指引》并配上起草背景来做说明。

在本书写作依据方面，我把众筹分为"线上众筹"和"线下众筹"两类，"线上众筹"主要以"十部委"发布的《关于促进互联网金融健康发展的指导意见》为依据，其代表作为淘宝、小米、原始会及其他线上平台的众筹板块，"线下众筹"主要以《公司法》《证券法》等法律为依据，以《中国式众筹》（杨勇著）"1898咖啡馆"的案例内容为参照，并结合市面上的其他素材，希望能通过这两个方面的比较分析后，让大家能更准确了解、认识众筹，进而促成项目并尽量减少项目失败的概率。

在本书实操中，基本上讲述了项目从酝酿到设立中间的全部流程，从法律方面来讲，它属于设立公司的环节，这与传统公司的设立没有太大的区别，故本书中的一些法律文书也都可以适用于其他公司。而在商务架构层面，与其他商业架构基本相通，也可以用作其他项目使用。

本书的写作特意采用"讲课体"的风格，希望用"家常话"把枯燥的法律规定和操作流程讲解清楚，对于企业家朋友来言，这可以大幅提高阅读和学习效率。

写作本书既要坚持一线办案，又要坚持思考摸索，因为是一种新业务的尝试，再加上时间有限，难免有不当或疏忽之处，请大家多包容海涵。

对本人来讲，这是开启人生新意义的一本书，所以要特别感谢很多人。特别感谢周童、李舒元两位仁兄对本书案例所做出的贡献和付出；感谢刘元煌老兄对本书写作及出版方面提出的宝贵意见；感谢我的良友胡振波，引导我打开学习大门，教会我用知识改变自己的命运；感谢姚晖、张西川两位律师长辈对我初入律师道路时的栽培；也感谢我曾经及现在的工作单位河南金晖、中冶、张振龙、万基律师事务所的提携；感谢团队田鹏飞、肖克、李方方、郭杰律师对工作的分担及我的助理李欢欢、柳刚、任亚楠、荣蓉先后对本书素材搜索方面的工作，让我能腾出时间坚持写作；感谢《中国式众筹首席架构师——杨勇》《律师定位与营销策略——李俊成》培训课程的启迪；感谢在《简书》上给我打赏过的朋友们，我会把你们的"这份支持"全部捐助给相关的公益项目；最后把最珍贵的感谢留给我的父母和妹妹，自从我开始考律师和工作的时候，他们从没反对我的任何选择，一直默默支持，这份恩情我一定要好好报答！再次感谢我身边的每一个人！

  愿读过本书的人都能够从中获得相应收获，体现出本书一定的社会价值，这也是本书写作的最初发愿！

  作者郑重声明：本书的观点和相关法律文本等仅作为交流学习使用，不作为任何商业目的保证和承诺，特此告知！

鲁　辉
2018 年某夜

编者话 · 001

第一章　律师眼里的众筹 · 001
第一节　众筹的来历 · 001
一、众筹与自由女神像的关系 · 001
二、众筹与寺院的关系 · 002
三、众筹与社会养老金之间的关系 · 002
四、众筹与吃火锅之间的关系 · 003

第二节　众筹的概念及特点 · 004
一、众筹的官方概念 · 004
二、众筹立法最早来自这里 · 005
三、众筹在国内的立法及发展 · 006
四、互联网金融行业众筹的特点 · 007
五、线上众筹的特点与相应的短板 · 008
六、众筹融资的三个法定形式 · 009
七、众筹与私募股权投资基金的关系 · 011

第二章　众筹经典案例解析 · 013
第一节　几个知名众筹的故事 · 013
一、国内第一个众筹融资案例 · 013
二、万达公司曾经做过的众筹案例 · 014
三、众筹开火车，法律特点多 · 015
四、"众筹开火车"能做成的原因分析（一）· 017

五、"众筹开火车"能做成的原因分析（二）· 017

六、"厉害了，我的国"——用众筹思维发起的电视栏目 · 018

七、"厉害了，我的国"的众筹真相 · 020

第二节　线下众筹的经典案例分析 · 021

一、线下众筹的代表作——《中国式众筹》· 021

二、线下众筹与互联网的联系 · 023

三、线下众筹与传统融资的一些区别 · 023

四、"1898咖啡馆"的法律特点 · 024

五、"人才IPO"的法律特点 · 026

六、"人才IPO"的相关法律风险 · 027

七、线下众筹的法律逻辑 · 028

第三节　众筹的新特征和新功能 · 030

一、清醒认识"众"和"筹" · 030

二、打造圆梦计划 · 031

三、寻找投资人和搭建平台 · 032

四、检验项目是否成功看"众筹" · 032

五、有些功能来自于股权激励 · 033

六、过渡链接新三板 · 035

七、或许也可以叫"新五板" · 036

第三章　众筹中的主体 · 039

第一节　众筹投资人 · 039

一、聊聊众筹投资人（一）· 039

二、聊聊众筹投资人（二）· 040

三、众筹中投资人的心理 · 040

第二节　众筹服务方 · 042

一、众筹顾问或创新顾问 · 042

二、众筹中律师的心理 · 043

三、众筹中也不能缺了会计师 · 044

第三节　这两类人也应特别重视 · 045

一、找到高净值人士需求做众筹 · 045

二、哪些人不适合做众筹融资的合伙人？· 046

第四章 要做成众筹应具备的条件 · 050

第一节 主观条件 · 050

一、先找公司梦想 · 050

二、做事主要"讲和气" · 051

三、不要把众筹想得太神秘 · 052

四、要有做上市公司的态度 · 053

五、坚持梦想，努力把它变成现实 · 055

第二节 客观条件 · 057

一、政策和环境因素 · 057

二、投资人要有风险识别和承担能力 · 058

三、融资方应必备的条件 · 059

四、明确项目的定位 · 060

五、要有发明创造的思维 · 061

六、有想法的人越多越好 · 062

七、股东不一定非得多 · 063

八、有明确的消费群体 · 064

九、有共同需求 · 065

十、有产品、创意和学习 · 066

十一、产品和信任 · 067

十二、有架构技术 · 067

十三、投融资双方都要有良好资信 · 068

十四、不要怕花钱 · 069

第三节 行为条件 · 070

一、发起人要具备五种领导力 · 070

二、要提前想出路 · 071

三、对参与人做知识培训 · 072

四、做好信息披露规则 · 073

五、选择高调还是低调？· 074

　　六、激发投资人的参与感 · 074

第五章　众筹现状的深度剖析 · 076

第一节　几种可以做众筹的项目设想 · 076

　　一、众筹送水平台 · 076

　　二、小型厨房也适合做众筹 · 077

　　三、众筹小酒厂 · 078

　　四、众筹演唱会 · 079

　　五、众筹律师文艺圈 · 080

　　六、尝试众筹旅游线路 · 082

　　七、聊聊火锅店众筹 · 082

　　八、微课堂众筹 · 083

　　九、用众筹眼光看"抖音" · 085

　　十、金银珠宝众筹思路 · 085

　　十一、众筹公益基金 · 088

　　十二、公益众筹和"小而美"项目 · 088

第二节　线下众筹为什么没有持续"火"的原因 · 090

　　一、四个基本原因 · 090

　　二、股权众筹难度大 · 091

　　三、创新非常难 · 093

　　四、金融：离我们还很远？· 093

　　五、认为众筹已经过时了？· 094

　　六、众筹还要再等多少年？· 095

第三节　解决做众筹失败的十个"药方" · 096

　　一、药方一：不忘朋友圈 · 097

　　二、药方二：新合伙经济 · 097

　　三、药方三：一次筹够钱 · 098

　　四、药方四：不要乱要钱 · 099

　　五、药方五：筹钱先筹人 · 100

六、药方六：大钱办小事 · 100

七、药方七：同股要同权 · 101

八、药方八：补缺用长板 · 101

九、药方九：重内部合作 · 102

十、药方十：合伙人功能 · 102

第六章 平台众筹操作简介 · 104

第一节 平台众筹应需重视的几个点 · 104

一、平台众筹可行的原因 · 104

二、你想做什么，能带来什么？· 105

三、要考虑两个流水 · 106

四、想好战略设计 · 107

五、平台众筹的标配元素 · 108

六、遵循三轮选人规则 · 108

七、剖析众筹最基本的功能 · 110

第二节 平台众筹的步骤简介 · 110

一、怎么众筹呢？· 110

二、梳理模式架构 · 111

三、找准项目内容和定位 · 111

四、进行法律架构 · 112

五、选定合伙人 · 113

第三节 股权架构思路 · 114

一、两种股东的架构思路 · 114

二、关于控制权思路 · 115

三、关于合伙人工资 · 116

四、办公场地如何出资？· 117

五、创意怎么估值？· 118

六、人际关系怎么估值？· 118

七、从合伙人股本看同股同权 · 119

八、合伙人如何估值？· 120

九、股权分配思路·121

第四节 具体操作流程·122
一、前期主要做这些事情·122
二、制作备忘录·123
三、备忘录里具体的内容及写法·124
四、开第一次论证会·126
五、论证会所要讨论的具体内容？·127
六、进行项目路演·127
七、先选址再预定场地·128
八、建立发起人领投制度·129
九、签订租房意向书·129
十、租赁协议不宜早签·130
十一、租赁场地的注意事项·131
十二、设立项目公司·132
十三、开始第二轮融资·132
十四、召开首次股东大会·133

第七章 众筹融资必备的法律文书·135

第一节 商业计划书·135
一、商业计划书的基本写法·135
二、商业计划书配套合同的几个法律审查要点·137
三、商业计划书示范文本·138

第二节 众筹融资风险提示书·139
一、关于"市场风险"的写法·139
二、关于"管理风险"的写法·139
三、关于"信用风险"的写法·140

第三节 发起人备忘录·140
一、发起人备忘录的写法·140
二、发起人备忘录示范文本·141

第四节 发起人授权委托书·142

一、发起人授权委托书的写法 · 142

二、发起人授权委托书的示范文本 · 142

第五节　发起人协议 · 143

一、发起人协议的写法 · 143

二、发起人协议示范文本 · 143

第六节　出资证明书 · 146

一、出资证明书的写法 · 146

二、出资证明书示范文本 · 147

第七节　认股意向书 · 148

一、认股意向书的写法 · 148

二、认股意向书示范文本 · 149

第八节　微信实名认证书 · 149

一、微信实名认证书的写法 · 149

二、微信实名认证书示范文本 · 150

第九节　租房合同 · 151

一、租房合同的写法 · 151

二、租房合同示范文本 · 152

第十节　股权代持协议 · 155

一、股权代持协议的写法 · 155

二、股权代持协议示范文本 · 157

第十一节　法律意见书 · 161

第十二节　众筹章程的写法 · 162

一、关于公司梦想 · 163

二、关于章程修正条款 · 164

三、关于名称和住所 · 165

四、关于经营范围 · 166

五、关于注册资本 · 167

六、关于股权架构 · 168

七、关于组织机构 · 169

八、关于会议召集人 · 170

九、关于股东表决权 · 171

十、关于召开股东会的日期 · 172

十一、关于董事会 · 173

十二、关于董事定义 · 174

十三、关于董事的产生 · 175

十四、关于法定代表人 · 176

十五、关于董事、监事、高管 · 178

十六、关于股东婚姻 · 180

十七、关于股权代持 · 180

十八、关于利润分配 · 181

十九、关于特殊的退出机制 · 182

二十、关于三年以后怎么办 · 183

第八章 众筹融资法律操作指引及介绍 · 185

第一节 总则篇 · 185

一、关于商标和其他知识产权 · 185

二、制定众筹规则 · 186

三、关于投资人门槛 · 186

四、对投资人（如是公司时）进行必要的尽职调查 · 187

五、对投资人（如是个人时）进行必要的尽职调查 · 188

六、确定投资人的程序 · 188

七、在线上怎么进行公司治理活动 · 189

八、设立项目公司的三种形式 · 190

九、在原有公司基础上出让股份 · 191

十、法律规定的其他方式 · 192

十一、确定特定对象 · 192

十二、确定寻找合伙人方式 · 193

第二节 分则篇 · 194

十三、在募集阶段需要准备的法律文件 · 194

十四、开展尽职调查,包含业务、财务、法律三个板块 · 194

十五、法律尽职调查内容 · 195

十六、出具法律意见书,结合众筹融资模式 · 195

十七、起草投融资方面的意向书 · 196

十八、几个重要的意向书附加条款 · 196

十九、列出主要的融资条款 · 197

二十、众筹融资尽职调查必备条款 · 198

二十一、调查融资方几种重要的附属性文件 · 199

二十二、调查融资方管理人员和职工情况 · 199

二十三、调查融资方经营状况 · 199

二十四、调查融资方及其关联公司的知识产权情况 · 200

二十五、调查融资方法律纠纷情况 · 200

二十六、撰写尽职调查报告 · 201

二十七、起草投融资(众筹)协议 · 201

二十八、签署投融资(众筹)协议 · 201

二十九、投融资(众筹)协议的主合同 · 202

三十、投融资各方的声明、保证与承诺条款 · 202

三十一、约定投融资过程中的违约责任和其他条款 · 203

三十二、收集投融资(众筹)协议的相关附件 · 203

三十三、约定投融资(众筹)协议的生效条款 · 204

三十四、投融资(众筹)协议执行阶段 · 204

三十五、向相关部门申报文件 · 205

三十六、办理相关担保手续 · 205

三十七、投资款到账验收 · 206

三十八、交付相关投资标的 · 206

三十九、众筹退出阶段 · 206

四十、回购方式退出 · 207

四十一、公开上市方式退出 · 207

四十二、以破产清算方式退出 · 208

第九章　众筹风险识别与集资犯罪防范 · 209

第一节　这十个区别让你远离非法集资 · 210

一、有无法律根据 · 210

二、人数是否超标 · 211

三、动机和目的是什么？· 211

四、筹的对象不一样 · 212

五、看看钱的用途 · 212

六、是否公开财务 · 213

七、要有风险识别和承担能力 · 214

八、股东是否出力 · 215

九、是否有好的项目 · 216

十、钱是否打到了公司的对公账户上 · 217

第二节　非法集资类的八种犯罪及相关无罪案例介绍 · 218

一、非法吸收公众存款罪 · 218

二、集资诈骗罪 · 220

三、擅自发行股票、公司、企业债券罪 · 221

四、欺诈发行股票、债券罪 · 222

五、非法经营罪 · 223

六、虚假广告罪 · 225

七、擅自设立金融机构罪 · 226

八、组织、领导传销活动罪 · 226

参考文献 · 229

第一章 律师眼里的众筹

第一节 众筹的来历

一、众筹与自由女神像的关系

据说在美国建国后,法国人送给美国人一个礼物,这个礼物是法国雕塑家巴托尔迪建造的自由女神像。神像被送到美国后,美国人犯愁了,神像高46米,重225吨,需要一个巨大的底座才能立起来,当时美国的经济实力还没有这个能力建造这样一个底座。于是有一个叫约瑟夫·普利策的新闻作家想了个主意:在《世界报》上登了一篇公告,题目为"我们该为巴托尔迪伟大的雕像做些什么",号召美国人捐款,来筹集自由女神像的底座钱,捐款回报是:如果捐赠1美元,送一个5英寸大小的自由女神工艺品,如果捐赠5美元,送一个12英寸大小的自由女神工艺品,哪怕只捐赠1分钱,也要将捐赠人的名字登记在报纸上,与其他社会名流一起出现。

在公告的号召下,美国人纷纷慷慨捐款,很快便募集了十多万美金,自由女神像便顺利入驻纽约港。这是市面上流行的一段捐赠故事,也被誉为是"众筹"的起源,故事发生在1885年左右,距今100多年。

这一捐赠用现在的眼光来看,具有公益的性质,为的是国家利益和国民荣誉,没有任何商业的成分,大家仅是出于一颗爱国心,用每个人的力量做成了一件事情,最后国家受益、国民受益。用现代的众筹理论可以把它称为"公益众筹",是众筹融资里的四种形式之一。

但这种做法,在我们中国很早就出现过,比如"寺庙道院""结婚随礼"等,距今已有上千年的历史。

二、众筹与寺院的关系

中国的寺院文化历史悠久、博大精深,通常认为,寺院始建于东汉,洛阳的白马寺是佛教传入中国后建成的第一座寺院,距今已有近2000余年。

我们发现,几乎在每一个寺院里,都会有一个功德碑,坐落在寺院的显著位置,上面密密麻麻地刻满了捐赠人的名字,例如"张××捐50元,李××捐200元"等,因为这些人对寺院有过捐助,寺院便把他的名字记录下来,供寺院登记和后人铭记。

"救死扶伤、扶贫扶弱"是佛教寺院功能的一部分,在古代,当人们遇到天灾人祸时便会跑到寺院避难、寻求帮助,寺院便给遇难者斋饭吃、棉衣穿,照顾并收留他们,帮助他们渡过难关。佛家的善念善德自然是它文化的一部分,但从人们捐助寺院的角度来看,这里也有众筹的成分,即大家通过对寺院的群力,每个人贡献一份力,让寺院香火绵延,等到自己遇到不时之需时,寺院可以帮助他们渡过难关,最终人人受益。

这里可以看出人们在捐助寺院时候的"发念",即"善德善心",所以在"公益众筹"里,出发点一定是有善念在里边,因为"善"是人的本性之一,是人们都认可和尊重的道德习惯。大家既然想做和愿意做,肯定是因为互相认可这份"善念",而"善"是道德范畴最典型的信仰追求,这份追求会调动大家的积极性和高度认可,最终群策群力,共同完成一件事情。

三、众筹与社会养老金之间的关系

古代社会,没有"养老"的概念,只是在特定的人群出现困难的时候,政府或者富商会出钱救济。英国在1601年出台了《济贫法》，用征税的方法叫富商帮助那些失去土地的困难群体；在1889年，德国正式颁布了《疾病和养老保险法》，让政府、企业、工人共同出钱，帮助那些年老无劳动能力的退休工人，这是西方国家"养老制度"的大概起源。

我们现在缴纳的"养老金"，就是先帮助那些在我们之前已经退休无劳动能力的老年人，等到我们退休的时候，花的就是比我们晚一辈人缴纳的钱，以此类推，代代相传，这大体上便是我们的基本养老制度。

"养老制度"其实带有一些金融融资的属性，单从大家一起往"池子（社保金账户）"里投钱，叫其他人享受养老待遇的角度来看，这实际上也带有一些众筹的成分，即"利用多人的力量做成一件事情，最后大家都受益"。我们可以清楚地看到，大家都往"社保金池子里投钱"，把养老基金"注满"后，等到自己年老的时候再享受这份收益，以便安享晚年。

通过以上比喻，我们不难发现，众筹实际上就在我们身边，它也不是什么新兴的概念，只是美国人先把它总结了出来，并且通过《众筹法案》，以公开立法方式确立起来。而我们也是在2015年，国家才正式把"双创"[1]国策大面积推广和普及，这里能够明显地看到国家的殷切期盼和良苦用心。

四、众筹与吃火锅之间的关系

有个小故事：小张想吃火锅，家里什么菜都没有，就在家里给小李打电话说："来我家里吃火锅吧，现在家里缺份羊肉，来的时候能不能去超市带点羊肉？"小李欣然答应。然后，又用同样的方法邀请小张、小王、小孙、小赵等朋友，分别筹到了底料、蘸酱、丸子、青菜、啤酒等，最后，这几个小伙伴在小张家里快快乐乐地吃了一顿火锅。

用大家带来的每个菜，汇集到一齐，完成了一顿火锅饭局，人

---

[1] 双创，是指"大众创业，万众创新"，下同。

人都吃到了想吃的菜，最后获得受益，这也是众筹反映在生活中的一个小案例。

还有我们的"AA制"，也是群体发力的一个体现，我们也可以叫它"AA众筹"。

笔者这篇文章在"简书"中发出来后，有人提出问题，问小张是不是空手套白狼？肯定不是。大家想想，小张虽然没有贡献菜品，但最起码贡献了锅、水、电、场所和电话费。笔者个人认为，小张还贡献了创意，这个创意最值钱，如果没有这些创意，就没有之后的火锅饭局，这个价值远远大于每个人带来的菜品价值。"创意"是发起人做事情的核心技术。

好多人还说众筹是"非法集资"，这个火锅的案例基本上把这个问题说得非常清楚了，相信大家一看就知道是不是了。在做成一件事后大家都受益，这显然是在做事情，不是在集资。我们换个角度来看，假如小张把大家的菜集来后自己一个人享用，而大家并没有吃到，最后造成大家的损失，这可能是"非法集资"，道理就这么简单。在随后的篇章里，笔者会详细分析众筹和非法集资的区别。

请相信，在当下社会的经济活动里，谁都不会平白无故什么也不做就获利，每个人的报酬肯定是基于他的劳动，这个劳动可能是金钱、劳务，也可能是智慧和产品等。众筹也是，它让大家把事做成了，肯定离不开发起人前期的铺垫和付出，所以请不要用"有色眼镜"看待众筹，它的本意是好的，是鼓励大家做事，而在新的事物刚刚出来时，往往都会受到传统眼光的质疑。所以，要想做出新的成绩，享受新成绩带来的体验和红利，请少一些"嫌弃和怀疑"，给创新者多一些掌声和多一些鼓励。

第二节 众筹的概念及特点

一、众筹的官方概念

在最早研究众筹的时候，笔者专门查过词典，查不到"众筹"

这个词汇，它应该属于当下新兴的概念，当下流行的观点把它界定为："利用众人的力量，集中大家的资金、资源或渠道为小微企业、艺术家或个人进行某项活动提供资金或帮助。"我们可以把这个概念简称为"筹人、筹智、筹资"。

从依据角度来看，在国内，唯一能找到官方解释的是在 2015 年 7 月十个部委联合出台的部门规章《关于促进互联网金融健康发展的指导意见》（以下称《指导意见》），意见提出了"股权众筹融资"的概念："主要通过互联网形式进行公开小额股权融资的活动"。

据笔者了解，《指导意见》应该是为服务我们国家的"双创"国策而制定的，"双创"国策在 2015 年 6 月宣布，意见便紧跟着在 2015 年 7 月出台，一个在前一个在后，两者联系非常紧密。这是我们国内目前对"众筹"的官方解释，虽然没有通过法律的形式确认，但基本上承认了众筹的合法身份，只不过它要求"股权众筹"必须在互联网上进行，在本书里先暂叫它"线上众筹"。

众筹的定义服务于创业和创新，也是我国经济结构调整和国策调整的重要行为，写此书是想给众筹正个名，让读者对众筹有个正确的认识，不要误读和少走弯路，它可能也是以后"90 后""00 后"们创业创新的有力根据。

二、众筹立法最早来自这里

上文已经说过了，在很早以前，中国已经做成了好多个众筹案例，并且有近千年的历史，论时间，远远早于美国。

美国在 2012 年出台了《初创企业融资法案》，致力于促进小微企业融资便利，它以资本市场监管自由化为原则，规定了许多具体的操作步骤和条件。例如小企业可以公开进行融资、股东人数从 500 人提升为 2000 人等，这部法律被称为《众筹法案》，也是通常认为众筹起源于美国的根据。

据说美国的征信系统不仅很发达，而且融资方的资产资信也很透明，更重要的是对于投资人来讲，他们都有"识别风险"和"承担风险"的能力，这是金融制度发达的典型体现。在这方面，特别是对于"大众投资"来讲，我们还有很长的路要走。

目前我们国家正在补征信这个短板，前两年已经有几十家国家级部门和机关，例如公安部、司法部、最高人民法院、国家税务总局、中国人民银行等部门联合发文，未来要实现全国范围内的征信互联，到那时候我们的金融制度会呈现出新的生机和局面。

在这里还需要说的是，按照众筹的逻辑内容，为什么要提倡在熟人圈里找合伙人？可能考虑的就是弥补征信的短板吧，因为熟人就在你的身边，他的征信情况你能很快掌握，随便通过三个人就能打听到你的情况，这样在融资和合作方面会显得更安全些。

三、众筹在国内的立法及发展

众筹在2012年美国出台《众筹法案》后，于2014年传入中国，2014年被称为中国众筹的元年。一些企业开始利用互联网技术通过平台进行众筹融资探索，这时候国家在法律法规层面还是空白区。

直到2015年，中国人民银行、证监会、银监会、公安部等十部委联合发布了《指导意见》，这个意见被认为是目前唯一一个对"众筹"进行界定并生效的官方文件，它虽然不是法律法规，但也为以后的文件起草作了铺垫。这个意见距"双创"国策仅有一个月，可见两者之间的紧密关系。

在《指导意见》里，明确提出了"股权众筹融资"的概念，即"通过互联网平台公开进行小额股权融资的活动"。其特点是：①必须通过互联网平台；②公开形式；③小额；④股权融资。

这里边虽然只规定了"股权众筹融资"，但是在实践中，在淘宝、京东、原始会、淘梦网、轻松筹等大型网站上，产品众筹、公益众筹、收益权众筹比比皆是，市场非常活跃。前不久，一个律师朋友按照笔者的建议，发起的病人公益众筹也获得了相应捐助。

在2014年的时候，通过互联网发起的众筹案例有很多，其中不乏一些国内知名的大企业，例如万达等。2015年7月，证监会还尝试性地出台了《私募股权众筹融资管理办法（试行）（征求意见稿）》，里边的内容有许多参照了私募基金融资等方面的规定，例如对投资人有门槛限制、应具有相应的风险识别和承担能力等。

这个意见稿虽然只是征求意见稿,但也为市场发出了信号,笔者个人认为,可能等时机成熟,众筹比较有产品优势的时候,会有相应的解释文件出台,特别是对于"线上众筹"和"线下众筹"的结合发展,会有一个广阔的市场空间。

四、互联网金融行业众筹的特点

目前国内发文承认的众筹是在互联网金融行业,称为"股权众筹融资",它具有以下特点:①在线上公开进行;②融资方是小微企业;③只能通过互联网网站等平台进行;④限定为小额股权投资;⑤鼓励融资中介机构对业务模式进行创新探索;⑥融资方应如实披露商业模式、财务、资金等关键信息;⑦投资者须具备风险识别和承担能力;⑧交易的是股权。

以上特点出自于《指导意见》,笔者把它简称为"线上众筹",这是充分结合"双创"国策和我们已经掌握的互联网技术进行的有益探索,目的是鼓励和支持创业创新发展,主力人群可能是有想法的"80后""90后""00后"等企业家群体。

《私募股权众筹融资管理办法(试行)(征求意见稿)》出台后,笔者认为从投资人门槛角度来看,显得有点"不太接地气",这里说一下笔者的几点拙见。

该意见稿把"股权众筹"界定为线上公开方式,既然公开了,就应当接受大众的投资,普惠金融的门槛应该低才对,但该意见稿里把投资人门槛设定较高,例如"金融资产不低于300万元人民币或最近三年个人年均收入不低于50万元人民币的个人"等。从收入角度来讲,这个群体在国内还算少数,这样的投资人定位显然不利于创业创新企业的融资。但在实践中,各大网站做的不单单是股权众筹,例如"卖产品预售+提前锁定客户","公益众筹"等成了主流。有句话说得好,"既然存在必然合理",既然市场这么活跃,说明市场有需求,就应该及时满足,所以笔者建议立法机关尽快起草和完善相关规定,给想做事情的人多一些做事根据,不要叫"好创意和新产品"没有成长的环境，毕竟出现这些困境并不是"双创"的本意。

五、线上众筹的特点与相应的短板

"线上众筹"依据的是《指导意见》，笔者归纳它的特点大概有以下几点：

（1）通过互联网平台进行，例如淘宝、京东、万达曾经搞的众筹，都是通过互联网平台发布。

（2）以融资为主，线上的众筹功能绝大多数是在找钱，不管是卖消费品、卖股权、卖收益，还是筹钱救人的公益众筹，都是以融到钱为基本目的，这与"线下众筹"提出的筹人、筹智、筹资不太一样。

（3）通过互联网平台公开融资，在这种条件下投资人和发起人、投资人和投资人之间互相都不认识。还有个隐患是，在关于非法集资规定里，要求"不能向社会不特定对象融资"，通过互联网平台融资是否是"向社会不特定对象"公开融资还尚无定论。

（4）融资方多是小微或创新企业，但在实践中，也有部分中型企业有很大升级换代和融资需求。

（5）产品、股权、公益类众筹居多。

（6）融资额度不大，以小额为主。

（7）也有一些大型股权众筹案例，比如原始会上的股权融资，额度有的也比较大。

"线上众筹"目前有一个短板，就是我国征信系统还不健全，投资人和融资方互不认识，无法真正连接，在线上更无法了解和确认对方的资信如何。而资信是所有商业合作的一个重大基础，所以有些项目看似很好，但却无法融到钱，原因可能是因为投资人有所顾忌，心里没底。

另外一个短板是，我国的创新型社会还需进一步发展，虽然国策有所调整，但这个"双创"国策是在2015年才提出的，时间还太短。在这种情况下，不少人都还没有"敢尝试、大胆做"的勇气，都还是习惯于"安定"的现状,对一些新兴事物持怀疑态度。这也是一些项目在初期提出来后无法融到资而被别人"拒之门外"的缘故,马云早期的创业故事就是例子。

还有个问题,就是在当下的社会环境,人们"识别风险和承担风险"的能力还不高。在投资界专业审查方面,有个"适当性"的原则,就是你的投资必须和你的风险承担能力相匹配,可以比喻为"有多大地再给你多大胆",即"你有多少的财产再给你匹配多大的投资风险",这正好和创业者"有多大胆就有多少产"相反。

作为投资人来讲,投资安全是第一的,不会盲目地投,所以有些人手里虽然有钱但是却不敢出手,特别是一些新兴创新项目,更不敢出手。还有就是如果投资股权,行业里的回收期一般是 5 到 7 年,我们当下的投资大众都有"立竿见影、快速盈利"的心理,如果投资周期太长的话都不会耐心等待,这也是目前众筹投资一直火不起来的原因之一。

在互联网时代下,"线上众筹"将是主要潮流,前几天笔者看过一篇短文报道,国外一个人在网上以个人名义融资买房,把购房款分为好多份公开在网上融资,也在大胆探索新型的模式。这里提个问题,他的做法在我们国内是否可以借鉴?目前众筹正处于试水期和发展期,"北大 1898 咖啡馆"(简称"1898 咖啡馆")就是一个十分好的尝试,相信这些新的东西一定能绽放出活力。在众筹融资里,笔者认为:只要项目靠谱,有产品和新意,并能让企业获益,那么这个项目就一定能影响和吸引投资人做出决定,并能继续走下去。

六、众筹融资的三个法定形式

从商业角度来讲,众筹融资是一个项目,在运作的时候,需要以项目公司的形式出现,即"项目运行以谁的名义来做",简单来说就是,这个项目应该装到谁的名下。这就需要众筹股东们共同设立公司和企业来运行,根据目前的法律规定,通行的有三个形式可以承载,即"有限责任公司、股份有限公司、合伙企业",但也有例外：

1. 有限责任公司

有限责任公司是目前市面上最多的一种公司形式，多以中小微企业为主，是市场的主力军。它的股东人数在 50 人以下，股东和公司财产互相独立，在一般情况下，股东如果出资 10 万元，那么公司赔钱了，也就只赔 10 万元，不会涉及股东个人的责任。

2. 股份有限公司

股份有限公司以上市公司居多，股东人数在 200 人以下，市面上说的融资"不能超 200 人"就来自于这里。股东以自己购买股份的份额向公司承担责任，如果公司每股 1 万元，你购买了 10 股，公司赔钱了，你就只赔这 10 股的钱。股份有限公司是上市公司经常采用的形式，笔者个人认为，有限责任公司适合"小而美"的项目形式，股份公司适合"大而全"的项目形式。

3. 有限合伙企业

很多私募投资基金都是采用有限合伙企业的方式，股东人数也是在 50 人以下，有限合伙企业分"普通合伙"和"有限合伙"两种方式，当普通合伙对外有债务时，合伙人之间承担连带责任，即企业如果赔钱了，合伙人之间不管是谁都向外负全部责任。例如企业赔了 10 万元，债权人可以叫任意一个合伙人还 10 万元，这种责任对合伙人来讲比较重；而在有限合伙里边要求至少有一个普通合伙人，其他可以是有限合伙人，如果企业赔了 10 万元，普通合伙人负 10 万元的连带责任，其他有限合伙人仅以自己的出资额负责就行了。

实践中，还有很多组织形式可以使用：

（1）农民专业合作社，农民专业合作社的组织形式大概是在 2006 年设定的，国家专门有个《农民专业合作社法》，当时是为了鼓励农民创业，把农产品集中起来，抱团出售，这有点类似于现在所说的共享经济，甚至还可以看到一些"众筹"的影子。

（2）个体工商户，个体工商户在 20 世纪 80、90 年代很流行，是小微经济很好的载体。随着经济的活跃和繁荣，现在这种组织形式越来越少了，因为它的抗风险能力越来越弱，它本身没有法人资格，如果有责任了需要它的老板来承担全部责任，而个人的偿债能力又十分有限。个体工商户虽然设立起来比较简便灵活，但是在责任承担方面对经营者来讲成本太大，而且承载商业项目的能力也很有限。在不远的将来，这种组织形式将慢慢淡出历史舞台，但这种形式有它自身的优势，即设立成本不大、决策灵活，它比较适合做"小而美"的项目，因为"小而美"的项目本身就不大，或者本身成本就很小，比较利于开头和收尾。

（3）个人合伙，个人合伙是民间自发自助的一种行为，它本身没有法人主体资格，三五个人或者三五十个人随时都能做起来。在这种模式下，只要大家有共同需求和利益，就能很快组成，如果你不想去注册的话，也不需要到工商局注册，在民间随时都能开展活动。这种组织形式也比较适合做"小而美"的项目，这种"小而美"的项目，可能三两天就能开始或者结束，例如小型音乐会、自助游、各种活动聚会等。

七、众筹与私募股权投资基金的关系

从商业功能上来讲，众筹大多服务于实体经济，绝大多数是创业或者创新项目。在当下，众筹还没有很具体和很细致的操作性规定，特别是在"线下众筹"里，基本上是靠出让股权来获取融资，而股权融资的配套规定还未出台，目前都是依据《公司法》《合同法》等法律来作尝试。

"私募股权投资基金（简称私募基金）"和众筹有些类似，私募基金通过集中投资人的分散资金进行对外组合投资，投资股权也是最主要的方式之一，私募基金最早叫创业基金，这点和众筹服务于创业项目十分类似。

私募基金现在属于证监会监管，分管单位是证券投资基金业协会，正因为有了监管单位，而让它具有公信化、阳光化、合法化的特征。

"线下众筹"属于民间融资形式，没有监管单位，是创业者依靠

自己的智慧所使用的形式，所以得自己操心，对于融资而产生的一些风险还得自己想办法规避。通行的做法是依据相关法律规定依法办事，委托专业的机构给自己设计风险规避方案，建议在设计风险规避方案的时候，可以借鉴私募基金的监管准则，因为从融资和模式角度来讲，这两者都有相通的地方，一些有益的规定可以互相借鉴使用，因为他们最核心的相似点之一是投资的都是股权。

线上股权众筹和私募基金也有很多类似的地方，他们有以下共同点：①受证监会监管；②是非公开方式；③是民间资本；④服务于创业或实体企业；⑤融资类型都很相像，例如都以股权作为出让标的融资等；⑥都要求不能向不特定对象融资；⑦是融资和投资活动。

以上的几个共同点，是笔者认为众筹和私募基金具有血缘关系的一些理由。另外，众筹和新三板也有很多相同的地方，众筹现在没有大面积火起来，和"新三板"一样，最主要还是得有实打实的创业项目为基础，而创业项目想要真正做起来，不仅创业者要具备研发产品的能力和智慧，更需要社会大环境的配套支持。而且从投资意识方面来讲，还需要全民的普及，特别是还得有很多政策和法律文件配套出台，这一系列条件若想同时具备，得需要一段逐步升华的时间和过程。

第二章
众筹经典案例解析

第一节　几个知名众筹的故事

一、国内第一个众筹融资案例

2012年10月，淘宝上有一个叫"美微创投"的店，创始人叫朱江，据说之前做过多家互联网公司的工作，在有了创意后便在淘宝上公开融资，说有个"easyMBA"的栏目，需要融资进行制作和策划，购买项目股份的人可以成为店面的股东并享受消费返利，即"消费+股权模式"。

朱江总共分了两期募集，共1191名会员参与，募集金额120.37万元，但没过多久，该店就被阿里官方关闭，理由是不允许公开募股。之后，证监会约谈朱江，对他提出三点要求：①不准再这样做；②保护好现有股东利益；③定期汇报经营情况，退还全部资金"。随后，朱江陆陆续续的把募集资金全部退还股东，此事件才得以平息。

"朱江事件"出来后，社会议论纷纷。有的说是好事，这是敢于创新走新路，有的说是坏事，股东人数达到了1191名，远远超过200人，从管理方面来讲，扰乱了已有的金融规则和秩序，不能提倡。

实际上，证监会约见朱江，肯定是因为他违反了《证券法》和行业管理的规定，一是超过了200人，二是公开向社会不特定对象募集资金，这两根线是好多企业家们在融资时都不敢触碰的"红线"，好多人在融资时都战战兢兢、如履薄冰。

在《指导意见》里，承认股权众筹可以通过互联网平台公开募股，公开募股算不算向社会不特定对象募集资金？笔者认为，现在这个规定还比较模糊。实践中，一些投资人通过网站向融资方投资，投资人互相都不认识，而且投资人也遍及各地，从这个角度讲，应该叫向"社会不特定对象"融资，但是既然意见确认了公开方式，也意味着已经放开了向社会不特定对象融资的限制。

但是另外一根红线"不能超过200人"，在任何情况下都不能触碰。实践中好多人的做法都是用"法人股权代持"的方法，以法人出资的方式来规避200人红线。

从2012年到现在，我们的互联网技术越来越发达，它所带来的改变也被人们逐步接受，例如我口袋里装的零钱好几个月花不出去、购物付费不带钱包而带手机、连大街上乞讨的大爷都有自己的支付二维码。互联网技术正在慢慢改变我们的认知和生活，相信互联网金融在技术方面也会有很大的创新和改良，也会让更多投资人受益。希望在不远的将来，众筹融资也会成为企业融资的一个新常态，在这种新常态下，人人都持有企业的一些股份，社会结构也会发生一些新的利好变化。

二、万达公司曾经做过的众筹案例

2015年6月份，万达公司搞了一个房地产收益权众筹，3天内募集资金50亿元，十分成功。

具体做法是：万达公司先收购了一个互联网平台，叫"快钱"，然后通过该平台发布融资信息。融资计划是：每份金额1000元，最高认筹1000份即100万元；项目期限：3年+4年；回报机制：物业年化收益率6%，若项目三年后成功上市，年收益率可达14%；若第七年仍未上市，万达公司以不低于1.5倍的价格回购，如果逾期收益则为6%；退出机制：3个月后，产品可以在快钱交易平台转让，如果上市后可以获利退出；3年后，投资者可以获得增值收益后退出；7年到期后，若上市不成功，万达以1.5倍价格进行回购。

万达公司项目众筹属于典型的互联网众筹，但不是十部委所说的股权众筹，万达众筹的是收益权，即"房地产物业租金收益"。

万达公司项目众筹能做成的原因是：①万达公司实力足够强大，具有较强的社会影响力；②万达公司收购了快钱平台，省了不少成本，也符合"通过互联网平台融资的规定"；③在吸收的 50 亿元投资额中，有 45 亿元是投资机构的，只有 5 亿元是民间的，可见你的项目如果真的好，它的市场前景将十分广阔；④万达公司收购"快钱平台"，可以利用该平台做自己客户的互联网金融业务，把地产和金融相结合，解决资金问题；⑤万达公司设计了比较详细的回报和退出机制，用自己所产生的影响力做信任背书，很快吸引了投资人。

但万达公司项目这次众筹也存在一些隐患，例如股东人数超过了 200 人，而且是公开的方式。这个案例给我们的提示是：在政策的空白区内可以进行尝试的探索，对于融资额度比较大的项目，在融资的时候你本身就得足够强大，而且项目还得有内容，得接地务实做实事。万达公司就是符合了以上条件，所以才能很快获得融资。

三、众筹开火车，法律特点多

可喜可贺，"火车界"第一个众筹案例诞生了。西安铁路局发布了"众筹开火车"的活动，活动内容是：旅客可以根据自己的需求，通过互联网自主选定需要的车次，如达到预定的车票数，火车将准时开动，带你到达想去的地方。

这又一次印证了笔者提出的公益活动最适合做众筹的论证，先是有了"厉害了，我的国"，这次又出现了"众筹开火车"，这表明对众筹的正面报道越来越多，接受众筹的单位和个人也越来越多。

用律师的眼光来看，"众筹开火车"还是在原有的《运输合同》基础上，创新性地增加了提前融资、要约、私人定制等功能。

在以往火车的班次规定中，火车排了班次后基本上都会准时开动，不管乘客多少，时间一到马上发车。这种模式下，火车的班次固定，铁路局照班发车就行，乘客买票上车后，铁路局负责派火车把乘客送到目的地，到达目的地后，运输合同即履行完毕，乘客没有班次和目的地的自主选择权。

在"众筹开火车"活动中，铁路局把班次的选定权交给了乘客，由乘客根据需求选择，然后铁路局再设定一定的车票数，达到人数后即视为众筹成功，准时发车。这里边实际上是把《运输合同》关于设定目的地的条款给了乘客来选择制定，铁路局再附加票数条件，达到多少张票后，条件就视为成就。从这里来看，"众筹开火车"属于附生效条件的运输合同。

铁路局附加的车票数，实际上也是在考虑自己的成本，可以预收乘客的车票钱，如成本顾得住，车次便准时确定。这里边也带有融资的性质，只不过因为是铁路局发起的项目，有信任背书，对外方面显得非常可信，从本质上来讲，这与普通商业公司做的预售融资没有什么区别。

铁路局这次也是向社会不特定群体公开融资，这是不是非法集资？显然不是！坐火车属于日常消费，是民生大事，也是百姓的刚性需求，出售火车票本身就是铁路局的服务之一，只不过这是提前卖票了而已。从众筹类型上来讲，售卖车票属于消费性众筹，在消费性众筹里无非就是产品的等价或者让利交换，所以不存在欺骗和非法集资的情况。按照这个逻辑分析后，我们就能很清楚地认识消费性众筹的特点，也能很快看明白市面上很多创新产品所采取的"预售+锁定顾客"模式的意思，例如目前在淘宝、京东等各大众筹板块中的项目融资，都是采用的这种模式。

"众筹开火车"案例出来后，会不会有众筹开汽车、众筹坐飞机、众筹出国游、众筹吃火锅等好玩且可行的项目？笔者相信肯定会有，公益类项目因为没有太多的利益碰撞，所以股东顾忌会很少，这样会鼓励投资，成功的可能性会很大。在法律上，项目的法律关系也比较清晰，很好梳理，在红线问题上不会出现大错。

"众筹开火车"的案例，也是传统行业用众筹技术升级改造的典型素材，大家或许都能从这里找到灵感来用于自己的项目。在消费众筹里，项目如果有内容且靠谱就不会有太大法律风险，在共享时代，没有边际成本，就会涌现出许多好的商业模式，而众筹融资工具也会发挥越来越重要的作用。

这一切，需要有智慧有担当的人群出现，创造崭新且精彩的局面。

四、"众筹开火车"能做成的原因分析（一）

我们先来看一下它的特点：①发起人是铁路局；②没有其他股东；③只售车票不售股权；④火车是为数不多的交通工具之一，要想出行必须依靠它；⑤火车运输是国家垄断行业；⑥火车的受众群体是乘客，来自天南海北，受众面广；⑦火车出行对乘客来讲是刚性需求；⑧火车路线顾客可以自由选定；⑨顾客在车站窗口取票，操作简便；⑩火车票如购买不成则原路返还购票钱；⑪车票钱的用途属于合法收益；⑫火车到达目的地后众筹即为结束。

看过以上特点后，大家是不是会有更直观的印象？在做消费众筹方面，笔者总结如下几点：①发起人的身份很特殊，是国有单位，有国家背书，而且该单位属于公益事业单位，不是行政机关，受束缚较少；②发起人只有铁路局一家，活动规则自己制定，不用和人商量；③只卖车票，不售股权，这是消费型众筹，只售产品或创意；④火车只有铁路局有，其他人没有；⑤铁路只有铁路局能用，车票只有铁路局能卖，其他人都不行；⑥乘客量大，有庞大的消费群体；⑦坐火车是每个出行人要考虑的必需品；⑧火车路线自己选定，融入了个性化或私人定制的功能；⑨车票立等可取，马上兑现；⑩车票交给铁路局放心，有兜底保障；⑪铁路局售车票"天经地义"，用途合法；⑫火车到站后乘客下车，项目周期短。

五、"众筹开火车"能做成的原因分析（二）

"众筹开火车"属于消费型众筹，它的特点是"预售+锁定客户"，提前卖车票，既融了资也锁定了客户。虽然铁路局不是商业公司，但从对客户的需求方面来讲，和普通的商业公司没有太大区别。

铁路局属于国有企业单位，实力雄厚，赔得起。火车是主要交通工具，可靠可信，产品承诺都能兑现，客户很愿意掏钱。火车路线都是顾客自己挑选的，而且目的地都能够实现。发起人只有一个，是铁路局，在项目论证和表决方面效率高、行动快，无需其他股东通过。火车出行对社会大众来讲已经形成了不可少的、长期的消费习惯，属必需品。

综上几点："有实力、垄断行业、发起人股东单一、不卖股权、必需品、客户数量庞大、消费能兑现、私人定制等"是消费众筹能做成的基本答案。

那么，我们现在举一反三，在消费众筹里，如果你的产品不是必需品，而是特定人群的消费品，能不能做众筹呢？这种情况笔者个人认为，也可以做众筹，但是该消费品得有技术和价值，得经过用户的长期考验，在产品方面，有硬实力的产品才能抓住"客户的心"，这样才能规划自己的众筹，其他条件参照以上特点即可，这是笔者对做消费型众筹的一些看法。

"产品"可以做消费型众筹，那么"服务"能不能做众筹？回答是当然也可以！这个道理和产品众筹一样，你的服务如果能够满足大众的需求或者特殊人群的需求，产生价值，那么就很适合卖出去。如同百度外卖、微信支付等服务，它们能在全社会普及开的原因，除了有庞大的需求群体外，它们还提供了"都能体验到"的服务，而这些服务各位已经看见了，也确实改变了我们的生活习惯，创造了很多生活上的便利，加快了社会的进步，创造了巨大的商机。在商机方面，个人感觉，这些都是也只能是给有准备的人，非常感谢我们正在经历的这个时代。所以读者们，请开动脑筋和智慧，生产你们的梦想和创意吧。

六、"厉害了，我的国"——用众筹思维发起的电视栏目

央视财经频道有一档节目，叫作"厉害了，我的国"，这是目前第一个用众筹思维制作的大型电视节目。

栏目的大概内容主要是：让大家以视频或照片形式记录下发生在你身边的人和事，可以是你亲身经历的，也可以是你所见所闻的，可以是人物、历史题材的，也可以是地理、文化、家庭、娱乐题材的，你可以拿起手机，自己拍，自己说，也可以让别人来给你拍，展现周边的变化和自豪。该栏目通过征集百姓们的自拍视频和图片，

发出中华儿女一个共同的感慨："厉害了，我的国！"。

记得这个栏目在电视上刚播出的时候，在广告语里便使用了"众筹"的称谓，即发动大家的力量搜集作品，通过大家的经历和原创，共同完成一个让全中国观众都参与和受益的电视栏目。

该栏目首播的时候，作为一直在研究众筹的律师，笔者的内心百感交集。从不被看好到冷嘲热讽，再到长久的空白区，有时候自己也在怀疑自己，怀疑是否真的走错了路，业务是否真的跑了题。现在，央视频道给出了答案，市场也给出了答案，这条路行得通，它承认和展示出了众筹模式的魅力，可以用互联网的形式召集大家分享原创，然后合大家之力做电视节目，这跟以往的传统节目比较来讲，更具活力和新意。

笔者之前分析过，有两类项目非常适合众筹，一个是公益类项目，一个是"小而美"项目。"厉害了，我的国"实际上属于公益类的电视项目，每个原创的内容都是在歌颂和赞扬身边美好的人和事，最后汇聚成对祖国的热情和深爱。上传视频的作者完全是出于对人和事的爱心和感情，没有任何利益关系，作者与电视栏目之间也没有任何利益链条，通过栏目平台放上自己的作品，可以尽情挥发自己的感情。栏目平台通过搜集大家的作品，既填充了内容，也省去了传统栏目组孤身乏力的制作困境。如果说有利益关系的话，栏目的收视率和广告招商可能是焦点吧，但作为观众来讲，只要能看到高质量和赏心悦目的节目，能叫观众高兴，一定都会鼓掌参与。

互联网革命的下半场是从线上到线下，或者线上线下互相结合，这档栏目正好印证了市场的预测，是正确的，也是准确的。这表明众筹项目是可做、可行的。创业创新为什么那么难？众筹为什么那么难？除了环境和法制以外，很大一方面是因为有想法和敢做新事情的人太少！敢于坚持的人太少！敢于背负压力的人太少！在此基础上，相信互联网众筹模式能给社会进步带来一些可喜的变化，留下自己精彩的贡献和脚印。

七、"厉害了，我的国"的众筹真相

央视热播的"辉煌中国"，主要描写中国近五年来的变化，小到地方百姓，大到国家建设，都感受到了国家行动给百姓带来的福利。其中还有个很震撼人心的画面，来自于笔者的家乡洛阳，拍摄于2017年6月18日的一个小视频。一个坐着轮椅的老奶奶，看到面前一大堆跳广场舞的伙伴后，不由自主从轮椅上站了起来，动作虽颤颤抖抖，但仍然铿锵有力地挥舞双臂，跟着音乐舞动起来。这个举动顿时让全场沸腾，让我们看到了生命的震撼和生活的奇迹，必须得给这个老奶奶点赞，给这个作品点赞。

这个小视频来自于"厉害了，我的国"的视频收集，当时统计，大概收录了全国各地一万多条视频资料。

前一段时间，央视"厉害了，我的国"的导演和主持人做客湖南卫视"天天向上"节目，爆出了栏目真相。原来"辉煌中国"的好多拍摄素材好多都来自于"厉害了，我的国"，用他们的原话讲，叫"兵马未动，粮草先行"。

"利用大家的力量，筹集到了很多的新闻素材，最后制作出了精彩的电视栏目"，每看"辉煌中国"的时候，笔者都会不由自主激动慷慨起来。确实经过这么多年努力以后，中国逐步强盛起来了，中国人也慢慢地富起来了，我们国人的许多举动都震惊到了海内外，引来了世界各地的关注。

现在回到众筹研究里，这个案例最起码告诉我们两个特点：第一，众筹确实是个好的工具，如找对端口，可以应用到各个行业里；第二，众筹在新闻行业里可以发挥搜集信息的功能，利用大家的爱国心便能汇集到许多有益的信息和素材。

看来，在公益众筹里，只要发起方足够强大，内容又符合常理，很容易就能达到众筹目的。利用众筹思维发起公益众筹，筹集相关素材和信息，最后为栏目制作所用，这又是一个不错的探索，也为我们设计众筹模式提供了很好的参考素材。

第二节　线下众筹的经典案例分析

一、线下众筹的代表作——《中国式众筹》

笔者对金融非常感兴趣，笔者记得在 2016 年 10 月份的时候，一个月连续读了 5 本关于互联网金融方面的书，当时的众筹在市面上非常火，有非常多的书都在说众筹，其中就有杨勇先生著的《中国式众筹》。在 12 月份的时候，笔者和其他两位朋友专门去北京参加了"中国式众筹首席架构师"的培训，课程回来后，学员们自发建成了一个"原创挑战赛群"，每天发一篇原创文章，来研究和摸索众筹，然后由群内朋友担任轮值主席值日，对这些文章进行阅读并推荐。笔者就是从那个时候开始，每天坚持写一篇原创，也逐步构成了本书的基本内容。

在本书前文里笔者分析过，有政策依据的股权众筹融资可以叫"线上众筹"，笔者把以"中国式众筹"为代表素材，结合市面上的一些案例，称为"线下众筹"。在《中国式众筹》一书里，它的定位是"互联网革命的下半场"，即从"线上到达线下，通过朋友圈的映射达到筹人、筹智、筹资的功能"。

"线下众筹"的代表作是"1898 咖啡馆"，这里不再介绍这个项目的具体经过，它的内容在《中国式众筹》一书里有详细阐述，读者可以回头来看。在本书里，主要是想通过分析中国式众筹的操作逻辑和做法，来告诉各位线下众筹的特点，以及笔者这几年的一些个人看法和具体的实操经验。

例如，在线下众筹技术里讲究"一次性筹够钱"，这些钱足够"项目三年的开支"或者"一段时间的开支"。对于创业者来说，如果腰包里有了"硬通货"，就可以很有底气去创业和盈利，资金充裕对做项目有很强的促进作用。

如果想要找到足够多的钱，就需要找足够多的人，而在找人过程中比较耗时间，不是找到一个就会有一个支持你，而且找人的这个工作量非常大，更何况每个人都有其他考虑，思想很难有统一。笔者建议，假如你的项目迫在眉睫，急需启动项目，那么就应该另辟蹊径。

"线下众筹"也倡导："如果你的项目适合别的模式，就不一定非得用众筹模式。"在这个启发下，笔者提出一问，能否用众筹思维和传统模式相结合，做出改良性的探索？例如你的项目有足够多的客户，你自己又迫切需要做这个项目，那么可以先走着说着，即先租下场地，再花几个月时间来寻找投资人，把投资人都带到现场来看，以及看看你的初步产品，这也是你的产品成果之一，等投资人现场看到产品并感受到了氛围后，会让他对项目有更直观的感受，这时候再说投资模式，可能会令投资人更容易认可些。

在这种模式下，实际上是让客户提前感受了产品或者试用了产品，对比"一次性筹够钱"再开工来讲，是一个大胆的探索和改良，可以解决周期长、难推进的问题。

从经营风险来讲，这实际上就是租赁场地的租金风险，如果项目筹够了钱自然不在话下，如果筹不够钱，作为核心发起人来讲，亏的可能就是预付的半年租金或者租房违约金，这虽然说也是损失，但是比起项目失败而花费的其他大量开支外，这个成本要小得多。从创业经验来讲，也是一笔不小的收获。

这个案例有点像"预售楼盘"，即先盖个"楼花"再预售房屋的做法，然后再拿预售的钱来盖后续的房子，这是房地产业的融资模式，这种融资模式有银行、房地产热度等方面的背书，所以在房地产比较火的时代里非常流行。但如果你是其他项目需要创业的话，"提前融资"就要考虑一下自己的切身情况了，比如你的产品是否有实力、是否有市场热度、是否有庞大的消费群、是否有实力背书、是否是刚需、是否有抗风险能力等。另外在做融资的时候，也要遵守国家关于这方面的相关规定。

二、线下众筹与互联网的联系

众筹融资在定性上属于互联网金融的一部分，充分运用了互联网的技术，特别是"线上股权众筹"，更是具备了互联网时代的特征。在互联网特征上，不仅"线上众筹"具备，而且"线下众筹"也具备。"线下众筹"不仅包括互联网下的商业模式，也包括互联网下的法律模式，虽然在线下，但它也具备互联网时代的特征，比如：

（1）去中心化，互联网砍掉了中间环境，去掉了代理商，让商家和顾客直接见面，提升了效率，节省了成本。"线下众筹"把消费者变为股东，也砍掉了消费者和商家的距离，合二为一，身份发生改变，成本降低，最后也直接增加了项目收益。

（2）信息对称，互联网解决了信息对称，建立了信任链接，其中大数据搜集是其最主要手段。"线下众筹"讲究在朋友圈内进行股东甄选，这相比于"线上众筹"更具有明显的优势，朋友圈都是知根知底的熟人，信息很容易获得，也更容易判断出谁能够做合伙人。

（3）万物互联，互联网覆盖全球用户，让人与人之间出现无法想象的强关系。"线下众筹"把外部交易变为内部合作，在内部股东之间又可以互相对接，这不限于项目本身，还可以迸发出其他新的项目，让众筹股东之间也产生了磁场，这个跟互联网的链接特点极为相似。

三、线下众筹与传统融资的一些区别

前面已经讲过，众筹的模式中国人似乎已经玩了上千年，例如寺庙道院、结婚随礼等，笔者觉得单从发明的角度来讲，古人的"众筹技术"就是领先国外的一个技术，笔者有时候开完笑地说，可以把众筹在对外学术交流方面，打上"中国印记"！

"1898咖啡馆"是很成功的案例，现在许多业界人士基本都知道，这个案例的许多做法有对人性的准确揣摩，也有对行业协会短板诟病的理性思考，还有对一线商业模式的发明创新。和传统融资相比，"线下众筹"有以下几个特点：

（1）传统融资筹的是钱，线下众筹先筹对的人，用对的人把身后的资源带进来，例如技术、资源、渠道、货币、实物等，所以笔者总结，应该是先找对的合伙人，实际上就是在合伙做生意。

（2）人不仅要出钱，还要出力做事情。这与传统的线上或传统融资不一样，传统体现的是只要钱的功能，主要让合伙人出钱就可以了，而线下众筹要求合伙人除了出钱，还要做些对项目有帮助的事，大家一起做事情，这个有点像众筹吃火锅里不仅要带菜还要送到地点、自己亲自动手洗菜等。

（3）变线上为线下，在朋友圈里寻找合伙人。这实际上又回到了合伙做生意的范畴里，只是找的合伙人要求的是朋友圈的人，它的本意想必就是来解决征信的短板，因为朋友圈的人就在身边彼此比较熟悉，资产资信很公开，一打听就能知道。

（4）线下众筹要求投资者、消费者、传播者三位一体。传统融资模式只是点对点，例如餐厅顾客吃完饭就走人，线下众筹要求把消费者变成股东，既是股东又是消费者，这样成了自己的项目后就会很上心，自然他就会向外传播宣传，影响力会越来越大。

（5）线下众筹筹的资金不一定是小额，大额的也可以，利用人多的优势积少成多，汇集众力一起做事。这里要提醒一点，人多就会存在股份控制权失衡的局面，公司文化和股权控制在这里很重要。

国家一直在鼓励创新，已经号召了二十多年，但从大众角度来讲进展还很缓慢，众筹在这个时代下应运而生是市场需求的体现，既然存在就有合理性。"公益类"和"小而美"的项目适合做众筹，这也是经过实践的证明的，所以，它应该还有很大的市场空间，可以和各行各业结合，应用出很多新的东西。

四、"1898 咖啡馆"的法律特点

"1898 咖啡馆"是线下众筹的成功案例，凡是对众筹感兴趣的都知道这个咖啡馆，在北大校友圈更是人人皆知，厉以宁先生曾经在政协会上也提到这个有益例子，据说在 2016 年的公务员考试中还把这个案例作为申论考试题目，备受关注。

现在用法律人的眼光来说两句。"1898咖啡馆"属于"线下众筹",从法律层面来讲,它的本质还属于合伙做生意,它的组织形式应该属于有限责任公司、股份有限公司、有限合伙企业这三种形式之一,它还受我国《公司法》《合伙企业法》等法律的调整。

对于"第一期每人3万元"属于原始股份,也可以叫原始股,是首批股东的设立出资,"第二批每人五万元"属于在原有项目基础上的增资扩股,进来的股东叫新进股东,多出来的2万元属于股权溢价,这些在《公司法》《证券法》等法律法规里都能找到根据。

"1898咖啡馆"设置的组织机构,股东会、董事会、监事会、执委会等,这也是《公司法》里规定的常设机构。

它也带有股权融资的性质,比如在第二轮融资时,出让的是股权(我们法律层面叫股权转让),只不过这个是在线下进行,这种股权融资在实务中是每个公司都会涉及的活动,会经常出现,比如新进合伙人、增资扩股等,属于中小企业融资的范畴。

"同股同权"属于公司股权的范畴,是公司股本和表决权的分配机制,也是调整公司控制权的一种方法,这在公司治理中是一项制度。

"1898咖啡馆"虽然独特新颖,但是从法律角度来看,它并没有创设新的法律关系,例如,它的股东、出资、组织架构、经营场所等,这些都是在《公司法》的范围内,没有超出法律规定,所以也可以称它为公司活动。

"1898咖啡馆"在众筹类型里,属于平台众筹,也可以叫"筹圈子""筹台子"。平台众筹里因为没有股东和公司之间、股东和股东之间直接的利益关系,大家出钱的目的不是为了从平台本身获取财务盈利,所以顾忌都不会那么多,这是咖啡馆能成功的重要原因之一。从法律方面来讲,它的安全系数比较高,因为没有巨额财务运作、没有股东之间的利益冲突、没有保本付息的财务承诺等,并且也带有一些公益利他的功能,所以这样的众筹项目比较好发起。

众筹本质上属于金融融资板块,也受我国金融法律法规的调整。需要说的是,做众筹的技术难度比较高,从创业角度来讲,项目要有产品和内容,这是根本基础。从第三方服务角度来讲,如果要想做好项目服务,要懂项目本身、懂发起人本人、懂些金融规定、懂些股权规定、懂些商业规定等,这样给出的意见才更全面。特别是对于律师来讲,不仅要熟悉金融法律法规,还要考虑商业方面的因素。

五、"人才IPO"的法律特点

"人才IPO"案例,这是杨勇先生给自己设计的一个人才项目,它被称为人才IPO众筹"全球第一单",它的逻辑是依靠自己的技术优势,先给自己估值,然后再设计出新颖的回报机制,最后获得资金支持。

大体内容是:把自己估值5个亿,然后拿出20%来做众筹,募集1亿元资金。1亿元资金众筹30个不同行业内的股东,每个股东300万元左右,股东得到的回报机制是可以得到发起人终身的技术服务、单笔收入超过500万元的5%收益归股东,股东可以利用该行业建立30个不同行业内的链接等。

笔者给这个案例的结论是:如果想要发起人才IPO,你得先是"人才",这里的"人才"指的是你得有超凡的技术优势,或者说你得有其他方面的"过人之处"。这些技术优势能够用到技术类的项目,也可以是创意类的项目中去,技术和创意是最能吸引投资人眼球的条件,这些都是大家在做商业方面时要考虑的因素。

从法律的角度来看人才IPO,可能就会看得更清楚明白一些,认清了IPO的本质后,就会更利于我们设计自己的IPO,设计出我们的回报机制,或许全球第二单人才IPO就是你!

人才IPO有以下几个法律特点:①它属于融资行为,依靠自己拥有的技术,设计出自己的回报机制,然后向特定的人群融得资金;②它属于个人的融资,我们的众筹项目可能是以公司名义融资,融资方是公司,投资方成为该公司股东,而人才IPO是对人才进行投资,融资方是人才"个人";③把自己估值5个亿,实际上是对技术的估值,这个类似于《公司法》里对技术或知识产权出资进行评估作价的环节;④给投资人5%的财务回报,这听起来有点像投资回报的性质,但它肯定不是金融里的理财产品,也不是民间借贷里的还本付息,很像附生效条件的合同,在单笔收入达到500万元后这个5%才会有,否则就没有。这属于我国《合同法》调整的范畴,但目前《合同法》对这种行为还没有专门的条文规定,应该属于无名合同,也可能以后会出台相关条文予以规范;⑤承诺对接30个行业的资源带有中介的性质,有居间介绍的功能,融到钱后,可以帮助你们30个人互相认识促成交易,这也属于人才IPO合同里的一部分内容。居间合同在《合同法》里有介绍,大家如果想做类似的项目可以参照使用;⑥提供终身商业咨询带有提供劳务和技术的性质,有点类似于咨询公司开展的咨询服务,出具咨询方案,然后收取咨询费用等。这个性质在《合同法》上属于咨询合同;⑦人才IPO也可以叫"人才IPO合同",以上的回报应该都属于人才IPO合同的一部分内容。在合同法上没有专章规定人才IPO合同,但我们可以参照居间合同、咨询合同、附生效条件的合同来理解,它应该还受《民法总则》《合同法》等法律的调整;⑧法律界流行一句话,"法律不禁止的就可以做"。所以在找不到禁止性规定的前提下,所有有益的探索和创新都应当受到尊重和保护,人才IPO亦是如此。

律师也可以设计自己的IPO,可以结合自己的技术优势给投资人提供产品服务。笔者尝试性地设计了个自己的"律师IPO",也有很多产品机制,如果读者有兴趣的话可以进行交流,或许对你们会有所启发。

六、"人才IPO"的相关法律风险

现在不管是办公司还是做生意,企业家都十分关注涉法事宜,拿人才IPO为例,笔者比喻它的法律风险有四种:"跑路风险""离婚风险""挪用风险"和"保险风险"。

"跑路风险":假如发起者拿到人才IPO的钱后就马上消失,这里边除了有道德缺失外,法律上的缺失也挺大,这种行为可以理解为"集资诈骗",类似你收了别人钱财后而突然消失的情况。这种情

况我国的《刑法》有专章规定，对投资人来讲，也是考验投资人看人是否准的环节，同时也是评估自己承担风险能力的时候。这个投资风险与生俱来，永远和你投资回报成比例，就是用法律技术也无法从根源上规避，大家要谨慎从事。

"离婚风险"：假如发起人拿到了一个亿后，第二天就离婚，结果配偶分得5000万元，这5000万元有可能投资人要不回来。这个听起来损失会更严重些，但是在签署投资协议的时候，让配偶也在上边签字，就可以规避配偶也分钱的风险。我国《婚姻法》规定，婚后配偶之间可以约定收入的归属，即可以约定归各自所有。所以，不管是人才IPO也好，还是婚后借贷也好，签一份夫妻财产分配协议很有效，这作为投资方的要求，融资方一般都会予以签字满足，所以这个解决方案不难实现。

"挪用风险"：对已经拿到的资金来讲，可以设置共管账户，来共同监管款项的使用情况。这里还是表现在投资风险的问题上，"用人不疑、疑人不用"，既然愿意投他肯定是相信他，你的风险自然就会有预期，他把钱花到不该用的地方，这个风险是会有，但一半存共管账户，一半由人才自由使用，这就算是降低了一半的风险。

"保险风险"：这里保险发挥的作用，在法律上叫"为IPO项目提供担保"，如果人才出现人身意外，虽不能完成当初的回报，但巨额的保险金也可以向投资人负责，购买保险同时也是法律保障的技术手段。所以，以后保险公司的业务有很大空间，如未来人们真能按照IPO的逻辑做事，保险公司将会迎来新型的商业机会。

七、线下众筹的法律逻辑

"线下众筹"有几个代表的理论，例如"花小钱办大事，花大钱办小事""长板理论""动车理论""三位一体"等。研究过众筹的人对这些基础思维和理论基本都有掌握，笔者在这里说一下这些理论背后的法律逻辑，因为法律规定最能表达真实内容，也是希望能让读者更清楚地理解和认识众筹，以期做到安全架构，游刃有余。

(一)关于"花小钱办大事,花大钱办小事"

假如你想做一个亿的项目,靠一个人出资有些困难,但如果有200个人,每人各拿50万元,这个事情就能做成。如果人的基数足够大,让每个人出一个小力,那么就可能做成大的事情,这是一个核心逻辑。

这里的法律逻辑,实际上还是合伙做生意。你看,大家聚在一块,各自拿出自己的出资,在出资范围内享受权利和履行义务,然后通过约定,把相应机制规定好,照章办事,享受权利。如果生意赔了,每个人在50万元的范围内承担亏损,即赔了1个亿的项目,实际分摊到每个人身上也就50万元的损失,这是承担亏损的约定。这个叫"有限责任",在我国《公司法》里可以找到出处:"有限责任公司的股东以其认缴的出资额为限对公司承担责任;股份有限公司的股东以其认购的股份为限对公司承担责任。"

(二)关于"长板理论"

这个"长板理论"的意思是说:"当自己有短板的时候,不用再回过头来亲自通过学习和培训补自身的短板,因为这个花费的成本太大,如果找一些有优势的人来补充自己的短板,那么这跟自己动手再学习比起来讲,效率要高很多。"

这个理论在法律上的逻辑,应该属于在公司发起设立阶段或者公司经营阶段吸收新合伙人和发起人、寻找具有技术优势股东的活动,等股东找到后就签订入股协议,把相应的人员列为股东,大家一起做事情,这叫"吸收合伙人"。然后大家再按照《公司法》的规定约定收益和承担亏损,这种操作在实践中非常常见,现在市面上流行的股权激励都是采用的这种模式。

(三)关于"动车理论"

这个理论要求每个人同时发力,用共同力量提高时速,不把希望聚集到车头上。这个法律逻辑反映在股权层面来讲,很像"同股同权"的设置,即每个人利益和权利一致且平等,不会让股东之间有商业顾忌,又不会因股权比例而去争权夺利,不会发生"内耗"。因为项目是大家"等额"的项目,所以都会各自发力为项目服务,同时，股东的股权份额和表决权一致，也不会发生谁不服谁的事情。

（四）关于"三位一体"

这个"三位"要求集投资者、消费者、传播者功能于一身，以便能更加激发消费者的活力，增强股东之间、股东和消费者、消费者和社会之间的互动关系，这也是互联网时代万物互联的特点之一。同时，笔者个人感觉这也是"众筹"的显著特点之一，即把消费者变为股东，通过增加消费量、增加合伙人、绑定共同利益来一起做事情。

"三位一体"的法律逻辑是"股东身份和合同身份"合二为一的表现。"合同身份"包括：消费合同和广告合同，即股东合同、消费合同、广告合同。

比如消费者去商店里购物消费，实际上这就是一个消费合同，只是没有签订书面合同而已，假如消费者购买后觉得产品好，你把他吸收为合伙人后，他觉得是自己的事情就会很上心，便开始向外宣传，让更多的人知道该产品，以增加产品的销量和知名度，这里边又多了一个广告的功能。在消费合同里提前锁定了顾客，顾客又免费给产品做了广告，这两个行为都是《民法总则》《合同法》规定的合同行为和民事行为，还是在法律的框架范围内。

第三节 众筹的新特征和新功能

一、清醒认识"众"和"筹"

笔者写"众筹"也快一年了，思考得越多可能从中得到的理解也就越多，似乎对众筹又有了新的认识，对众筹在生活中的应用也有了新的思考。

在"新的认识方面"，众筹的核心还是"众"和"筹"两个字："众"，即要求人多，人越多合力就越大，众人去做成一件事它的成功概率会很大。"筹"，即筹众人的力，财力、人力、智力、资力等都是筹的对象。

从以上认识里，可以看出众筹的本质特征，也给读者认识众筹提供了前提条件。

在"新的思考方面"，做项目不一定必须都用众筹，如果用其他传统商业模式能够做成的就可以遵循先例。因为做众筹不是简单的事情，不是谁的项目都可以复制照搬用众筹，特别是在产品还没出来的时候，项目难度就更大，用众筹基本上很难成功，所以有朋友来咨询的时候，笔者都会先问"你的产品是什么、项目是什么？"

另外团队成员也很关键，只有"点子"而无法进行固定估值的那叫"构想"，这种构想仅是心中的感慨或者想法，想快速吸引投资不太现实。构想需要人来完成，所以不管是传统创业还是众筹创业，应该有几个铁杆合伙人围在一起做事情才行。

还有众筹如果想得到社会的认可，成为一种常态融资工具需要大量成功案例做印证，但这需要时间。可能有的人有商业方面的考虑，即便做成了也不愿意分享出来，而想要做的人要么在研发产品，要么在探索新路，要么在驻足观望，所以这个过程需要时间来打磨。这是目前众筹的市场现状，对于手中已经有产品的项目，可以考虑在线上做一下众筹的尝试。

二、打造圆梦计划

众筹也可以叫"圆梦计划"，它能帮助创业者完成梦想，这对国家、对社会都有好处。众筹是筹大家的力量完成一个人梦想，这对于创业青年来讲，可以尝试性地去做，或许能够锦上添花。

如果你有项目和产品后，得明确自己缺什么，找到所缺资源后，再逐个去筹，这是众筹的基本步骤。

众筹现在还不是常态，笔者希望它变成创业和融资的常态，只要我们把思路打开一些，不走传统路，多接触新鲜事物，有这种想法的人多了起来后，创新的全民普及率就会慢慢地高起来。

众筹的推广可以模仿一下当初改革开放的路线，即先让少部分的人做起来，然后分享出经验，带动大部分人做起来，最终实现众筹的常态。

以后职业投资人会逐步多起来，这些人的主要工作就是"投资梦想"，帮你圆梦成功后获得收益。我们的"创业者基础"庞大，这是我们的硬实力优势。做众筹的成本和去银行贷款的成本相比，后者显然要难得多，所以从融资角度来讲，它可以作为一个圆梦工具帮助创业者们追梦，去做自己想做的事情。

三、寻找投资人和搭建平台

"产品好、股东多"是做众筹的基本特征，这两者具有紧密的联系，产品好能吸引股东投资，股东多起来后将更有利于产品销售和推广。这里的"股东"按照常态分析来讲，得是具有投资欲望的股东，除了职业投资人外，就是具有投资理财意识的人，这些人喜欢投资和享受回报。

还有一类人就是消费者，众筹为了解决股东少的短板，就提出把消费者变成股东，因为消费者本身有产品需求，所以离不开产品，而作为股东来讲，购买自己的产品便具有了相应需求。还有提出把"上下游"做股东的，因为"上下游"对产品也很熟悉，如果你的产品好，他们就也有这种需求，这也是众筹股东的重要人群。

拿"1898咖啡馆"为例，它对接了校区内、外的人，对接了咖啡馆股东以外的北大师生，对接了股东与股东之间的资源和项目，这么多的因素汇聚一起，产生了巨大的能量。它又提供了众筹平台的思维，利用大家的签单和交友心理，每人出一份股钱，就能共建一个共享平台，股东们可以在里边一起做事议事，也催生出了一些多元化的商业模式，给创业者们创业壮了胆，多了一条发展思路，而不会因为囿于传统商业思维而故步自封，特别是给很多初创企业提供了一个很有益的借鉴经验。

四、检验项目是否成功看"众筹"

上次说过众筹有融资、创业、创新功能，这些虽不能一概而论，但思考得多了会发现众筹里有好多有趣的东西，接下来说说众筹里的"项目检验"功能。

众筹运行的本质有一点就是客户量大,集合大家力量做一件事情,从逻辑上来讲,100个人同时办一件事比一个人办一件事要容易很多,这最适合创业或者创新项目。创业者、创新者和大多数企业面临的问题一样,前期就是缺钱,这是制约企业发展的主要瓶颈。按照传统"线上众筹"的原理,创业者或者创新者把项目在网上平台发布,一般是会设计一个众筹金额和众筹期限,在规定的期限内凑够预定的钱,即视为众筹成功,例如在3个月集够100万元。

创业者和创新者需要把自己的项目内容摆在平台上供社会查看,然后有兴趣的股东参与投资,最后帮助完成一件事情。发布完后,从项目角度来讲,项目信息公示后,股东就可以查看,他们查看项目的过程实际上也是考察项目是否可行的过程,如果可行或者可用,那么股东就会投资,如果不投,说明你的项目可能存在问题,要么产品不成熟,要么内容、客户群没有选对或者还有其他需要修正的地方。"线上众筹"面对的是全世界各地的网民,他们有时候也算得上是你的创业导师,让他们发表意见也是对你项目的检验。"线上众筹"预留评论区,允许股东留言,然后把股东不投资的评论预留下来,可能对创业者创业有很大的启发和帮助作用。

以"线下众筹"为例,找几个股东讨论,实际上也是对项目的检验,"把你项目拿出来主要是要多听听反对人的意见,反对的意见如果你能说服得了,说明你的项目成熟了"。这样的逻辑很值得我们借鉴,也是我们自查自纠的过程,具有很重要的意义。

众筹是工具,它本身创造不出有力的东西,你必须先得有过硬的产品,然后再依托众筹。在创业中,创业者们都很孤独,很难或者很少得到外界的帮助,从项目检验来讲,众筹可以让你得到外界的帮助,让你对项目有更好的认识,所以建议创业者们不妨先在线上尝试一把。

五、有些功能来自于股权激励

有人认为,做老板有三重境界,第一重境界老板"尽己之力",

依照自身的智慧和能力打市场；第二重境界老板"尽人之力"，有机制、有系统，能让有能力的人将其能力释放出来；第三重境界老板"尽万物之力"，关注天下众生需求，运筹帷幄，山川河流、天气万象皆为之所用，例如诸葛亮等高人，这为最高境界。

以上虽是比喻，但也不无道理。在每个成功的企业家旁边，一定会有肩并肩的合伙人、技术过硬的团队以及科学合理的机制。

企业的本质是追求利润，而利润需要人来创造，但人却是最难管理的经济主体，这里的"人"包括法人和自然人，怎么把他们凝聚在一起跟你肩并肩做生意，这是很重要的课题。

想要调动人的主动性和能动性，唯有激励才能萌发动力，以往国企单位给工人发的福利，例如香皂、毛巾、菊花晶、油盐酱醋茶等，实质上也是一种变相的激励，除了发挥社会保障的作用外，很大的作用是想让工人们能热心工作，与企业同舟共济。但现在这种"福利激励"远远不够了，如想继续鼓舞热情，得需要其他更大的刺激和动力。所以好多企业采取股权激励，把公司的一部分股权拿出来给员工让利，这样员工变成股东后，干活就像是给自己干一样，工作热情高涨。

有专家认为众筹可以把上下游变为股东，形成"产供销"一条线，可以解决生产、制造和销售的压力，这样你的企业现状一定会有所改善。这让笔者想到了"百丽"的案例，百丽公司也是用刺激上下游的方式进行股权激励。它把下游变成分公司，凡是其销售商都可以申请成为分公司，如果百丽公司上市成功了，财务报表可以合并，分公司的价值翻倍。它把上游变包销，找到上游生产厂家，上游只管生产鞋子，百丽公司负责设计，上游每年利润的51%归百丽公司，49%归厂里，把厂商变股东。如果百丽公司上市成功，厂商身价也将翻倍，如果上市不成功，厂商把利润统统拿走，厂商没有风险。

这又让笔者想到了现在的众筹，众筹把投资者、消费者、传播者合三为一，运用的也是股权激励的原理，虽然没有高度吻合，但基本道理相通。即用股权的形式把大家聚集在一起，绑定利益后，同时也就绑定住了向心力。投资者、消费者、传播者也可能就是产品的上下游或者其他关键环节，绑定后不仅打通了以上环节，而且还让这些环节更加牢靠链接和凝固。

"线下众筹"创新研发了"补资源"，这个资源可能是来自于产业链各个环节，也可能是在产业链之外，只要能对众筹项目产生有利的作用都可以补进来。绑定方式可能是股权绑定，也可能是产品加预售绑定，还有平台绑定等多种方式，这是线下和线上众筹共同对股权激励所做的改良和改进。

所以，在众筹里边能看到好多股权激励的影子，但众筹又利用自身功能对股权激励进行了改良，二者相互联系又相互促进，在互联网时代下，可以成为破解融资难题、解决传统企业升级换代、创新商业模式最好的工具之一。

六、过渡链接新三板

众筹的属性属于民间融资，发起比较灵活，在发起众筹时，对众筹资产及经营成本等方面没有严格限制，只要想做事情的人都可以尝试着做。

从融资主体和范围来讲，新三板也属于民间融资，只是它比众筹多了一些准入规则，比如经营满2年、具有持续经营能力、有健全的组织机构等。这些规则具有重要意义，一旦符合后就有国家做背书，便同意你在场内挂牌上市，将对企业产生巨大的有益作用。

结合新三板的优势，笔者觉得做众筹有几点值得参考和学习：①发起人或者项目具有2年经营经验；②项目有内容、运行良好，是传统优秀项目或者是朝阳产业，可以持续经营，后劲源源不断；③发起人没有不良资信，守法合规，已经运行的项目产权、股权明晰，具有现代科学的治理机制，已经依照股东会、董事会、监事会的规定设置有表决和议事机制，最典型的表现就是有或者已经聘请专业律师进行法律工作；④已经向股东签发出资证明书或者股权证明书；没有签发的，应立即补发，并召开补齐相应股东、董事会会议记录；⑤公司须是股份有限公司模式，如没有上市需求，可以改为有限公司、有限合伙企业等形式。以上条件如具备，且一段时间后运行良好，可以考虑转入新三板上市，再提醒一次，如有该需求者，公司形式必须是股份有限公司。

公司上市最大的好处就是可以分散风险、快速融资、扩大知名度，已经抛售出去的股份融的资，就转化为公司财产，不用向投资人偿还。还可以圈住很多股民粉丝，有了资金后企业可以放开胆子做事，风险将会降到最低。

目前，我们的资本市场还很薄弱，或者说大多数企业还处于转型和发展期，这既是挑战也是机遇，谁先醒得早谁就先受益。众筹模式因为发起比较灵活，如果您有上市的打算，不妨可以考虑一下这种思路：在股份公司里，人数可以放宽到 200 人，这对寻找和确定股东方面提供了很大的发展空间。

七、或许也可以叫"新五板"

从需求角度来说，企业经营需要钱，而投资人需要把自己的钱变得更多来抵御风险，这时候双方都有需求，然后就出现了资本市场。

在我国目前的金融领域里，从公开立法和立规层面来讲，把资本市场分了四个层面。

一是主板市场，具有代表性的是国有大型企业，他们融资的时候，可以把股票在交易所公开买卖，这些企业实力大、根子厚，是资本市场的主力军。

二是创业板市场，主要针对高科技企业和一些有特点的中小企业，也是通过发行股票的方式在深圳交易所公开融资，在 2009 年才正式开板。

三是全国中小企业股份转让系统，就是大家说得最多的"新三板"，它主要是针对高新技术企业、具有可持续经营的企业等，开板时间是 2012 年。

四是区域性股权交易市场，在省级范围内进行，特定区域的企业可以公开进行股权和债券的转让。

以上是我国目前的资本市场的大概分类，企业可以在以上场所公开融资，在融资的时候受监管部门引导，也受国家法律保护，具有规范化、合法化的特征，市面上所说的股民就是在买卖他们的股票或债券。

以上四板的融资风险很小，很少被界定为非法集资，原因是有国家部门出面引导，带有国家信用背书的意思，公司和股民可以公开交易，股民不受200人的限制，只要经营合法、股票卖得好，股东多少在所不问。

在四板之外，还存在大量的民间资本。前几年已经发生的担保公司崩盘的案例，让我们知道了民间资本的雄厚实力和活跃度，其中带给我们的益处和害处，应该受到相关部门的足够重视。

企业缺钱需要经营时，有些企业进不去四板市场，而民间金融又有大量闲钱，具有极大的投资热情。这时候是否可以大胆设想一下，设定一个"五板市场"，让他们的需求对接？

2015年十部委联合发布的《指导意见》，规定"股权众筹"可以在互联网上进行公开融资，股权融资必然带来股份转让，它虽然不能超过200人，但也允许了企业在公开场合融资。笔者感觉《指导意见》是对众筹融资进行的一次大胆尝试，从功能上来讲，众筹融资是四板市场的有益补充，拓宽了创业公司的融资渠道，是个好事，我们姑且可以叫他"五板市场"，或者叫"新五板"。

目前，民间金融融资的方式太少，最主流的两种方式就是银行贷款和民间借贷，企业需要钱，需要做事情，银行贷款又绝大部分满足不了中小企业的需求，所以制约了中小企业的发展。

"线下众筹"给民间企业制造了条件，企业不仅可以自主融资，寻找合伙人，发挥创业的功能，还可以提前预售自己的产品，拿到钱后做一些有益的事情。好多人对"新三板"都不反对，但一听说"众筹"好像就没那么感兴趣了，从融资角度讲，二者没有本质的区别，都是融资工具。但因为国家给"新三板"背了书，所以新三板变得阳光合法，众筹融资现在刚刚兴起，目前属于"没娘家"状态，在某些方面，商业模式设计应该比新三板要新颖，技术含量高得多，但需要智慧和实践的积累，慢慢接受市场的检验。

  基于以上分析，笔者斗胆给众筹定位为"新五板"，除了自己对众筹融资的真实情感外，更是对目前企业融资难的一些考虑。未来创业人群会越来越多，对新型商业模式的需求也会越来越大，人们对众筹合伙项目也会产生正确的认知，等到市场成熟后，相信社会也会对其刮目相看。

第三章 众筹中的主体

第一节 众筹投资人

一、聊聊众筹投资人（一）

众筹属于金融融资，有融资就有投资，这是一个事情的两个方面。对应起来理解的话，可以形容为：①发起人有创意、有产品；②投资人有资源、有钱。"创意和产品"对接"资源和钱"，应该是众筹项目内容的基本架构。

投资人在国内来讲，应该是具有一定经济基础的群体，要么是中产阶级，要么是金领阶层，这些人手里都有宽裕资金，可以做适当投资。投资人对应创业者，在众筹融资中，投资人应该想的有以下几点：（1）投资人应该也是有情怀的人群，对项目或产品具有内心的热爱或梦想，希望自己的梦想成真，或者希望自己能够得到极好的产品体验，让自身得到良好的精神和物质回报；（2）投资人还需要有相关的投资知识，能很快知道该项目的风险点，并能很快认识该项目，从而分析出自己的风险承担能力；（3）投资人能有一定的创业经历最好，这类人对创业有血液里流淌的感情，能和发起人很快产生共鸣；（4）投资人如有创业失败的经历更好，美国人从不嘲笑创业失败的人，反而把失败经历作为自己的应聘名片，失败得越多说明经验越多，这类投资人本身就是创业者，能一眼看出来项目前景和去留；（5）投资人也要有不怕投资失败的勇气，投资和风险本身就是"两兄弟",相互依存,敢于承担风险就意味着将来会有大的回报。

二、聊聊众筹投资人(二)

根据《私募股权众筹融资管理(试行)办法(征求意见稿)》:第 15 条投资者职责中的规定,投资者应当履行下列职责:

(一)向股权众筹平台提供真实、准确和完整的身份信息、财产、收入证明等信息;

(二)保证投资资金来源合法;

(三)主动了解众筹项目投资风险,并确认其具有相应的风险认知和承受能力;

(四)自行承担可能产生的投资损失;

(五)证券业协会规定和融资协议约定的其他职责。

以上规定可以作为我们当下研究众筹的标准来参照。这五个标准也可以用到我们实际的项目中去,例如对投资人的尽职调查,签署投资、财产等信息真实保证书、投资风险揭示书等。

对众筹投资人的把关,也是降低众筹风险的一个大环节,有的投资人的钱也不敢接,例如洗黑钱、没有风险承担能力的人的钱,这些钱一旦接了,吃亏的不是投资人,而是融资人,项目也会受拖累。

三、众筹中投资人的心理

投资的本意是要获取收益,按照当下百姓的习惯,如果把钱投出去后,不仅要获取收益,还要回本,如果不获益也行,但本金最好不要赔,这是比较流行的百姓思维。但站在职业投资人角度,他们并不这么看,投资人投的不是收益,而是投的风险,风险越大,他的收益就越大,可能有去无回,也可能一本万利。作为生意人,生意有赔有赚也是司空见惯的事,所以生意人和投资人有点类似,都想盈利，也都会有赔钱的准备。

众筹就是生意人和投资人的交往和博弈。

我们这里把"融资方"称为"生意人"，把"众筹股东"称为"投资人"，这样称谓会很容易界定两者的身份，也会很容易让我们理解众筹中主体各自的功能。当然，众筹也可以被称为是生意人和生意人的合作，因为有的投资人本身就是生意人，这是从合作的角度来讲的。"生意人"是项目的发起人，来吸引投资人，投资人首先要看的是项目的风险，风险如果能承受，那么就会注入资金，这是基于风险与利益适当的心理。

在这种心理下，在考察项目的前期，投资人已经做好了心理准备，即便赔钱了，投资人也能接受。但如果你虚伪欺诈，那是另外一回事。项目如果失败了，生意人和投资人之间就属于正常的商业合作，就不会有太大的集资风险，各自承受。

如果是生意人和生意人的合作，作为投资方的生意人，可能没有专业投资人的素养高，缺乏看到风险和承担风险的能力，这就需要在项目前期重点挖掘和打磨。前不久笔者开了个证券交易账户，有专员专门进行视频回访，询问："开户是否是你真实意思表示，你的问卷调查资料是否是真实情况的反映"等，这就是在考察和调查生意人承担风险的能力，也是在降低融资方的风险责任，可以作为众筹融资中的风控规则使用。

所以，在众筹中的投资人，必须具备承担风险的能力，"只看盈利、不看亏损"的生意人不太适合做众筹。

至于好多生意人担心的事，例如："如果我把钱给他了，他把钱挪走不还怎么办？"这属于商业和法律的双重顾虑，目前可以用法律技术解决的有：例如增加违约金条款、抵押条款、担保条款等，性质严重的可以列为集资犯罪。但在商业中、在生意中，没有哪个生意可以确保万无一失且永无风险，想一本万利估计不好实现，纵使生意人本领再高，也无法做到只赚不赔，这就需要投资人用自己的智慧和眼光来衡量了。

至于合作风险，生意人和投资人合作后，都具有享受收益和承担风险的能力，两者身份和功能基本雷同，都是股东，都有担当。把这个想通了，投资人的风险也就想通了，投资人也就培养出风险承担的认识了，这对以后工作会带来很大的益处。

第二节　众筹服务方

一、众筹顾问和创新顾问

基于相关的思考和实操，我认为，想做众筹项目，每个企业应该有个"众筹顾问"或"创新顾问"。

2015年国家把"股权众筹"引入了国内，相当于公开承认了众筹的合法地位，于是社会上各种众筹项目的尝试便应运而生，各种商业培训班也如火如荼，一副欣欣向荣的局面。

但在目前，还有绝大多数的人不了解、不认识，或者不认可众筹，不单单是企业家，甚至我们的律师同行也有茫茫然的态度，这个原因出在哪里？主要有以下几点：

一是国家战略虽然改变了，但是老百姓的认识还没完全改变，先醒的人是少数，大部分人还在坚守自己的习惯，想要改变习惯，这需要点时间。

二是众筹是个技术活，或者说是个智慧活，没有一些积累的人产生不出好的项目。

三是众筹还没有全民普及，还处于探索期和摸索期，成功的案例太少，即便身边有案例，但鉴于商业方面的考虑，有些人也不愿意公布，所以供市面学习和参考的案例和机会太少。

四是众筹刚面世后不久，就有一些不法分子趁机钻法律空子，通过违法手段和形式在互联网平台上变着法地圈钱，最后被政府叫停并被追究相应责任，这些事例影响了众筹融资在社会中的良好形象。

五是创新和升级换代需要有想法的人去做，但大部分人选择了复制模仿，在"等待"和"先行"方面往往选择了前者，留在传统模式里继续角逐厮杀，就是在这种背景下，传统行业越做越难，举步维艰。

这让笔者想起了上市公司，国家把好的制度搬到国内后，能上市成功的也是少数，做成的没有几家，这个制度也寄希望于优秀的人来继续推动。

时代需要勇者前赴后继，众筹也需要智者继往向前。

众筹需要有"好产品"，不管是做消费众筹也好，还是做股权众筹也好，有了好产品就相当于有了主心骨，也相当于有了"硬资本"，所以每个企业应该聘请个"众筹顾问"和"创新顾问"，为企业提前谋划，走创新道路。

众筹需要有"好点子"，在做公益众筹方面，好的点子可以叫项目化身成龙，建议每个大国企也应该聘请个"众筹顾问"和"创新顾问"，在涉及公共产品方面，大国企具有得天独厚的优势。在苹果公司，专门有个岗位叫作"未来学家"，负责研究下一个和未来的消费走向，这些有益的做法我们都可以拿来做借鉴和学习。

政府或许可以专设个"创新窗口"，专门接待有想法的人和建议，并设立创新人才库，只要对惠民利民有好处的建议都应该倡导。不管能不能成功，都应该给建议者以回报，最好是现金奖励，因为经济是所有建设的基础，在物质方面如不允许，最起码也得给其相应殊荣。

众筹看似小，因为它仅是一个融资工具和商业架构技术；众筹看似大，因为它里边有时代的特征，有梦想和创新，符合当下的潮流和趋势。

二、众筹中律师的心理

"律师，一群理性与智慧并重的群居动物。"早在执业初期，很多情怀与梦想就消失在了庄严肃穆的法庭里，被扼杀在了企业家追究效率和实用的要求里，因为法庭要"说事实、讲法律"，给企业要"出方案，给依据"，所以律师做的每一件事都要慎重和深思熟虑，在这种情况下，注定不能用情怀办事。

众筹项目里少不了律师，企业家有自己的小情怀理所当然，因为在某些方面，情怀还真是做事的"一针强心剂"。但律师必须克制自己，纵使某些情怀不经意间戳中了你尘封已久的"小梦想、小浪漫"，但也要时刻保持冷静、不偏不倚，因为你要给企业把好关，并出具正确建议，时刻要把个人感情和项目运行分清楚，特别是在做法律培训时，更不能"误人子弟"。

律师很专业，是法律技术的天然运用者，除了用法律技术为企业出谋献计外，同时还必须得应用商务和金融逻辑。律师是善于发现风险的人，但仅提示风险还远远不够，还应当具有化解风险的能力，比如医生如果仅会诊断病情，但不会开药治病，那就失去了主要作用，体现不出自身的价值。

众筹是金融融资项目，所以律师出具建议时也要有"金融心理"，始终要搞清楚融资能给企业带来哪些变化，用金融心理去想问题，例如企业的融资财务成本有多大、符不符合项目的发展预期、有没有提前及时降低投资人的投资预期等。

律师在出具建议的时候，应当"先泼冷水后鼓劲"，先说实话，找到项目风险，然后出具化解建议，给企业助力时，要有慢有快，先找到"商务逐利"和"法律保护"的结合点，然后再尽量满足项目的预期。众筹目前正在摸索期，律师对新事物也要有敢于尝试的心理，尽量运用自己的知识多做出一些成功案例出来，要有敢于坚持研发新业务的精神。

众筹是金融创新，项目成功后就会出现法律创新，这个价值远大于一些律师费。从某些方面来说，它的意义可能会促进整个法律行业的进步，也可能会促进政策法规的更新，这些都是众筹融资中律师必备的心理，假如心中的道理想明白了，众筹离做成就不远了，凡事贵在坚持。

三、众筹中也不能缺了会计师

在上市融资中，服务方基本有券商、律师和会计师三大主力，在众筹融资中，架构师、律师和会计师的作用并驾齐驱，这一部分说说会计师。

会计师的作用主要表现在以下几个方面：①审核企业最近2年至3年的财务信息；②帮助企业做到财务规范、清晰；③帮助企业进行财务规划，如成本控制、盈利分析、现金流规划等；④协助企业解决税务问题；⑤与众筹架构师、律师一同解决遗留问题等。

俗话说："麻雀虽小但五脏俱全"，更何况众筹融资具有"新五板"的特质，在资本市场配套融资方面发挥着重要的作用，所以在做项目的时候更应该面面俱到。会计问题十分专业，即使不做众筹项目，就拿传统的公司来讲，会计也是每个公司的标配，这与法律和众筹架构模式一样，都具有比较高的技术含量，所以这些团队技术和人员必须都得有。

现代公司讲究科学的管理体制，因为需要向众多股东负责，所以不能一人独权、为所欲为，这里专业人员和团队就显得十分重要，公开透明的信息披露也是众筹管理的核心内容，财务方面更应该加以重视，让股东放心后项目才能发展得顺心和顺利。

第三节　这两类人也应特别重视

一、找到高净值人士需求做众筹

在金融行业里，会把一些客户称为"高净值人士"，这类人群没有负债，有优良净资产，是金融产品里最心仪的客户群体之一。

这类群体已经摆脱了温饱和生存危机，生活安逸，追求的是财富的保值和增值，投资项目和管理财富是其主要需求。这类人群也是"马斯洛原理"里边说的第二档或最高层次人群，在好的项目出现时，他们便会舍得投资。

市场上有很多"风投机构"，也叫天使投资，专门针对创业融资者，是企业最主要的融资方式之一，但听说这类投资进来后多半追求的是财务回报，而且要求的置换条件也比较高，对融资方来讲条件比较苛刻。

众筹融资有的不是单独追求财务回报，而是投资者对产品也有消费需求。我有个朋友提到她喜欢吃火锅和洗浴，主动提出要求，如有这类项目时她会投资。这说明市场上有产品需求，这也是众筹融资和风投融资之间的最主要区别。

从市场来讲，高净值人群也有"消费需求"，如能找到他们的需求，众筹起来应该也有很大成功率，现在我们来大胆设想下他们的需求：珠宝、飞机、奢侈品、汽车、游艇、出国游、服饰、饮食所需水、米、蔬菜等，在这里边是否能找到商业需求？

所以，大家可以仔细想想身边有没有高净值人群和高净值人群的需求，如果归纳出来了，而你又恰巧能满足这类需求，那么这类人和这类需求将是你设计、生产产品和思考创意的有利素材。

突然想到出国游是否可以做众筹？以旅行社作为发起人，设计些旅游产品，产品机制丰富，然后向特定消费者进行众筹。这是实打实的服务，可以尝试搞一下。

市场永远留给有心的人，在社会更新换代的趋势下，企业转型升级已经迫在眉睫，怎么能脱颖而出找到客户需求、设计新型商业方案、低价格出售高品质商品、让顾客感到物超所值，运用互联网思维想问题，可能是最好的途径之一吧。

二、哪些人不适合做众筹融资的合伙人？

搞创业离不开人，做众筹更离不开合伙人。从时间段来分，合伙人一般分为两种，一种是"创始合伙人"，一种是"新进合伙人"。

不管是普通企业，还是众筹融资也好，合伙人都属于项目的灵魂，披荆斩棘皆出自此手，好的合伙人一定能够同舟共济，但如果没有选对合伙人，那么必然会带来大麻烦，甚至会伤了感情、毁了项目。

"线下众筹"一直强调合伙人在朋友圈产生，这个可能也是基于以上考虑而作出的决定,因为朋友之间有信任基础,知根知底,脾气、性格、为人、资产、资信、家庭等都能很快知晓,这也是选合伙人的根本保障。以下是笔者总结的众筹融资中不适宜作为合伙人的几类人群,供各位参考:

1. 不认同众筹,不懂众筹的人

这些人可能受习惯的影响,对新生事物接触得慢些,有时候甚至也会带有抵触情绪,这属于思想层面的差距,这类人尽量不要硬拉进来合作。

不懂众筹的人,就是不明白众筹是怎么一回事的人、单纯想投资只出钱的人,我们也应敬而远之。众筹有很多背景知识,这是做众筹的前提。拿交朋友为例,笔者一直说:"只有理解他、了解他,我们才能更好和他做朋友",如不了解、不理解,只是盲目跟风,那么这种"友情"很容易不牢固。

基于以上考虑,在做众筹架构的时候应当对公司老板、高管、财务、执行人员这四类人进行众筹基础理论和众筹法律知识培训,经过培训后这些人基本上知道了众筹到底是什么逻辑,在培训的时候可以邀请懂的人来给大家讲一下,让大家能够搞明白什么是众筹,如还不懂众筹或不接受的就请他马上"立定稍息",免得影响大家统一思想,这样对人、对己、对企业都有好处。

2. 动手能力差的人不适合成为合伙人

这类人可能有做机关、做老总、坐办公室的经历,习惯了发号施令,或者也过了动手的年龄,会有"眼高手低、执行力差"的弊病。创业中需要不断地动手,创新也需要不断地行动,仅提供命令指导却不动手做事,那么势必会影响很多进度。当然,如果众筹项目对某个资源缺乏,而该股东却能够提供该资源时,我们就可以作为特殊情况处理,但本质问题不能变,就是必须要亲自动手的能力一定要强,拒绝"天下无敌、高谈阔论"的人频繁出现,在实践选人中,这点我们要灵活掌握才行。

3. 没有创业精神的人不适合做合伙人

创业需要激情,更需要动力,"安于现状、追求享乐"是人性的弱点。这个弱点在生活中可以允许，但在众筹项目里决不允许。我们会发现，创业人的眼里经常都闪着光，精力沛不怕苦。如果是一个眼神呆滞、推三推四、磨磨蹭蹭的合伙人在旁边，试想一下项目会是什么结局？可见，从合伙人的状态也能判断出该项目的前景，这是投资方面的一个小知识。

4. 没有团队精神，也无责任心的人不能成为合伙人

做什么事没人不行，人组建团队服务项目，必须要跟随团队的节奏，追求个人自由的人有优点，但是在做事情方面确实是有些短板。这类人不愿意牺牲自己，在与团队合作发生冲突时不愿意舍弃，必然会造成很多不便，导致团队被动，项目被动。

5. 没有任何信任基础，过于斤斤计较，特别是"爱打官司的人"不适合做合伙人

以前笔者经常说，"没有法律纠纷"是做合伙人最好的预期。实践中也有很多优秀企业和优秀老板被侵害或被无端诉讼的事，这是特例，也可能就那么一两次，这个属于"天灾人祸"可以忽略不计。但如果经常"告别人"或"当被告"，那么这里边可就要仔细揣摩下了：①他是不是一个爱较真过于计较的人？②他是不是守规矩的"一等良民"？③他的资信是不是可以被众筹所接受？④他进来后会不会一遇不顺就要"习惯性诉讼"？

6. 没有风险识别和承担能力的人不适合做合伙人

"风险识别"，就是你有能发现风险的能力，用通俗点的话就是"不仅看到赚钱也要看到赔钱"，这个世上没有"一本万利、只赚不赔"的生意，这是大多数人所犯的"毛病"，但这个"毛病"在众筹投资人身上不能出现，怎么提高风险识别能力？不单单是股东们应该在"磨"的过程中发现，同时你也应该平时多提高自身的能力，还有就是项目本身也要制作这方面的风险提示规则和文书，提前预防。

"风险承担""线下众筹"用了多种方案来解决，例如"年龄要不低于35岁、须是中产阶级"等，这个标准也是在降低投资人和项目的风险，抗击打能力强意味着你的投资能力就强，提前给出风险

兜底不至于让你的状况岌岌可危、露宿街头。

　　以上几个是做合伙人的基本基础，如果一有违反那么就要考虑其是否适合做合伙人了。这里边再给企业一个新思路：法律用起来虽然是免费的，国家不收你钱，但是也不能滥用，用得多了会有副作用，比如经常去法院告状等，如果遇到问题时，要用提前预防和商务谈判等相结合的方式来解决问题，众筹里应主要讲和气，笔者个人认为，处事"讲究艺术、包容有度"才是设计股权和确定合伙人的指导思路。

第四章 要做成众筹应具备的条件

第一节 主观条件

一、先找公司梦想

现在流行"找梦想",不管是在电影动画片里,还是在故事片里都会提到"梦想",特别是在创业大时代背景下,实现梦想更是每个创业者们的期盼和追求。

个人梦想很好归纳,一般是"自己想要做的预期和愿望",而众筹的梦想是什么,很少有人归纳。众筹的梦想反映到实操中,最早的就是发起人的梦想,等办完公司后,就演变成了公司的梦想,也就是设立公司的"初衷和目的"。这些"初衷和目的"具体点就是设立公司后"要干的什么事",这些需要在发起人会议上讨论。但就是这个事好多人就细化不出来,脑子里只是有个大概的意思,没办法给具体描述出来,这个用创业的逻辑来解释,就是还没想明白"项目的预期",这对公司未来影响非常大。

如果想明白了"公司的梦想",下面就开始设计公司的经营范围和模式了。有的时候股东们在会上讨论可能会跑偏题,效率很低,唯一能把它纠正过来的依据就是"公司的梦想",先找这个初衷,等初衷确定了我们在做事的时候就不会迷路和偏了方向。

所以公司梦想是源头,找到源头后下面才能顺理成章,众筹融资的梦想其实也是这个道理,或者说这个需求比传统公司更迫切。

众筹的目标非常确定,即寻找资金和合伙人,梦想确定了才能有序往下进行。

怎么找到公司梦想?在公司的章程里,往往都会有一句话:"为了……,达到……,特制定本章程,共同遵守。"这既是梦想的约定,也是项目的约定,更是统一价值观的约定。

价值观一致是做众筹的前提,这在做平台众筹里会显得至关重要,如果做不到价值观完全一致,最起码也要保证91%以上的人要高度一致,因为在有限责任公司里,在某些情况下,代表10%表决权的股东就有解散公司的权利,价值观或者梦想不一致就很容易造成公司的僵局。

二、做事主要"讲和气"

众筹里的"三位一体",把消费者变为股东后,实际上就变成了人与人之间的相处和合伙人之间的交际,除了要遵守法律的规矩外,更多的是要"讲和气"。

"利益"是合伙人做众筹追求的目的之一,"利益"也是项目能运转的动力。如何分配利益应当由合伙人提前说清楚,按出资比例还是贡献比例,提前制定规矩,按规矩办事。

但规矩有它的局限性,会显得"有点冷",虽说是行动准则,但放在合伙人做事情的时候也不一定能行得通。例如在创业初期,合伙人不按规矩办事时,你是否有这个勇气去搬规矩惩罚合伙人,特别是你不是上市公司,而是民间性的合伙性质时,此时公司没有那么多社会功能,而且社会对公司的要求也比较低,在这种情况下,一味照搬规矩就会造成合伙人之间的不愉快,伤了和气。目前据笔者了解,在当下"50后"到"90后"的企业家人群中都还没有完全升级到完全照章办事的阶段,所以不能盲目照搬制度,得活学活用。

笔者认为,只要不是原则性且不影响继续经营的过错都可以被原谅,在公司前期,都可以商量着办事,不要伤了和气。打比方来说,合伙里就像夫妻两口子过日子,如果都坚持自己的立场,不肯让步，这日子注定过不下去。得需要一个主动说对不起的人，这个人还得是情商高的人，能看得远，并具有驾驭全局的能力。

众筹里就需要这样的人。这个人应当处在主导地位，懂得付出，懂得舍弃，懂得和气。君子之交淡如水，众筹里的股权和表决机制，都是给君子制定的，如果有人不遵守怎么办？如按照法律逻辑，完全可以依法办事，该处罚就处罚，该清退就清退。但实践中，这个股东犯了看似违反约定的错，但没有触及项目根本，我们是否就应当态度坚决、决不姑息？

只要不伤及根本，特别是在股东身份特殊或者股东人数较少的情况下，都应优先保护和气，能用其他方法解决的就和和气气，不要动不动就诉诸法律。法律的特性很硬，有时候在合伙人之间是个猛药，用不好可能真会撕破脸皮。就好像两口子吵架一样，吵吵闹闹是常态，但不要动不动就提离婚，谁先提，谁就反被牵着鼻子走，这不仅会破坏感情，更会疏远两个人，所以，可以把"生活艺术"借鉴到"众筹艺术"里。

股权也是众筹里的根本要素之一，但面对股权时，运用法律不要显得太生疏，要合伙人之间商量着办。笔者个人认为，应以"合伙人和气"与"法律规定"相结合的方式来办事，这两条腿都要走，这两条腿也都不能丢，少了任何一个都可能会适得其反。具体怎么应用，应结合项目实际，由几个核心发起人多想想，具体的处理准则以"既能保证项目稳定，又不损害项目预期"为设计根据。

三、不要把众筹想得太神秘

"神秘产生距离，距离造成陌生，陌生又会拉远距离，最后产生怀疑。"

笔者一直在强调，"要想和他做朋友，得先认识他、了解他"。

人们现在都有一定的信任危机，这是经济发展和规则不健全、被破坏所带来的结局，金融市场讲究的是信誉，资信良好是一切活动的前提。

起初的人们都是基于原始的道德互信进行交易，都不愿做有账不还的事，也都不害怕对方会不还钱，谁家去银行贷个款就是件丢人的事。在那时候，人们自始至终有种信仰，即"欠债还钱、天经地义"，这种良好的信仰和习惯直到近些年被打破了。

大面积的担保公司、投资公司出现和倒闭，是基于对人们的"保底还息"的承诺，诱导客户、欺骗客户、卷款而逃成了不法分子惯用的手段，最后造成老百姓投出去的钱"颗粒无收"。

所以人们害怕了，只要遇到融资类的活动就立马"高高挂起"，不敢再去碰，也不敢再去做，进而产生"一朝被蛇咬，十年怕井绳"的现象，这是当下百姓对民间融资项目的恐惧心理所致。但这个社会不仅要进步，更要前行，金融活动是经济发展的基础，没有金融的支持，整个经济活动都将崩盘出现问题。目前传统行业正被大洗牌，传统企业又面临升级换代，创业创新被纳入国家战略，这个时代正在发生巨大的改变，企业家们也都知道"寒冬期"的道理。

现在，新的东西逐步涌现，我们也要换上新的眼光去看待新事物，时代也要求我们必须忘记过往的担保公司，忘记那些残垣破壁，抬头阔步往前看。

在这个背景下，出现了众筹融资，先是有线上的股权众筹，后来又从线上搬到线下，出现了"线上和线下"相结合的互联网模式，这些都是有想法的企业家们在大胆尝试的结果，其原理和本书说过的一样，具有股权激励的功能，"绑定多人力量做一件事"。也可以理解为："一人能力有限，筹大家的力量一起圆梦，梦成后给大家优质的回馈。"

这就是白话文里的众筹，说简单很简单，没有那么神秘。认识了他，我们就更容易了解他，做不做朋友，大家可以根据自己的爱好和项目特点而定，毕竟适合自己的才是最好的选择。

四、要有做上市公司的态度

前面说过，上市公司叫"场内挂牌"，众筹融资叫"场外挂牌"，或者也叫"新五板"。上市公司和众筹融资道理相通，都是企业融资的方式，也都有转让股份的性质，上市公司叫买卖股票，众筹融资叫吸收合伙人或者增资扩股。

公司上市需要券商、会计师事务所、律师事务所三大主力助力。众筹融资也可以参照以上标准配置，即众筹辅导机构、会计师事务所和律师事务所。众筹辅导机构主要对众筹模式进行设计和架构，会计师事务所主要对账目、财务、税收进行核算和披露，律师事务所主要对众筹项目及产品机制的合法、合规、合理性进行法律把关和出具律师意见。

证监会的规定里要求上市公司要进行信息披露，即以上三个机构所核实的信息以及上市公司的经营情况要公开透明，供投资人查看。众筹融资也可以参照以上规则，把相关事项向股东公开，供其查阅。具体时间、地点、方式、方法由发起人和众筹股东们商量后确定。

众筹融资与上市公司很大的一个不同点，就是上市公司有证监会等机构制定的操作规则，企业按规则办事即可。众筹融资是老百姓自己动手做的项目，没有国家的专项规定指引，只能探索性发展，这有优势也有劣势，在实操中要综合掌握。

但上市公司的操作指引也可以作为众筹融资的参考使用，毕竟这是"国家版本"，具有正确和权威性，可以帮助我们理清思路，这需要架构师、律师、会计师们结合把控，经过三个机构的结合后，在方向和原则上应该不会出太大的错。想要公司上市得需要很大的毅力和气魄，这和创业者们做事情道理基本相同，一个项目能否做成，也取决于做事情的人的态度，任何一个公司不会凭空就能得来胜利的荣誉，这需要一个持之以恒的过程。

据统计，全国新三板市场目前有 11 000 家成功上市，目前在众筹案例方面虽然没有人统计，但市场上又涌现出了很多新的优秀项目，例如众筹电影等。相信不远的将来，或许笔者设想的"众筹演唱会""众筹旅游线路"等都会获得机会，最终形成一个独特而又新颖的商业生态和融资体系。

五、坚持梦想，努力把它变成现实

"没人会把成功白白送给你，你必须坚定追梦的决心。""坚持梦想，努力把它变成现实。"

这是《寻梦环游记》电影里的几句台词，说给一个小男孩听的。小男孩家族五代人都是做鞋匠的，祖上家训不让小男孩接触音乐，但小男孩十分热爱音乐，最后因为一个神奇的经历，在体验亲人生死离别后，小男孩终于冲出了传统观念的束缚，完成了自己的音乐梦。

这部电影网上评分9.4，笔者给评分9.8，这也是极少的电影译制片厂与海外上映同步配音的电影之一，让中国人能够听中国话看懂外国电影的精髓。

福特的梦想是"造出人人都开得起的汽车"，比尔·盖茨的梦想是"让人人桌上都有一台电脑"，现在看看他们的梦想，基本都实现了。小男孩的梦想是要做音乐，你的梦想是什么？是否正在实现中？如果还找不到自己的梦想，现在给你2分钟思考，拿笔写下来或者打字出来保存好，这是你人生最宝贵的东西。

"梦想"是企业的原动力，是个人做事的发动机。梦想没有大小之分，只要是梦想都应该被尊重，可以是远大抱负，也可能是油盐酱醋米，平时在我们内心都有，只是我们没有把它记载下来而已。

"梦想"是现在内心希望的、将来所能做成的事情，所以我们的梦想要设定得尽量接地气，想要消灭银河系五大行星怪兽显然不行，但先定个小目标，比如"先赚他1个亿、1000万、100万"就要显得实在和务实些。

笔者的梦想是"做个对社会有价值的好律师"，这是终极目标，可能需要这一生去积攒、来完成。在完成梦想的道路上，现在给自己先定了个小目标，即写本关于众筹融资方面的法律实操书籍，一个是自己有点小情怀，想给社会留点有形、看得见的东西，一个是提高自己的专业能力，毕竟在我们全国30多万的律师队伍里，能写本高质量书的还是少数。

梦想又是强心剂，每每想到以上，笔者内心喜悦，目光坚定，不惧不怕任何苦和事。

小男孩在学吉他的时候，遭到家人的极力反对，这让笔者想起正在研究的众筹融资，明明是好的东西，为什么也会遭到相关人的抵触？小男孩的曾曾奶奶，因为曾曾爷爷抛弃了她，之后远离他乡去寻梦玩音乐，所以曾曾奶奶留下家训，以后家族人都不能碰音乐，音乐让他们产生了伤痛的经历。

担保公司垮掉的时候，也着实伤了很大一部分人的心，这个伤痛经历也直接造成一部分人不想也不敢再去碰投资，再加上社会上一小拨不法分子的猖獗，造成大家都戴着有色眼镜去看众筹，这是主要原因之一。

2015年国家明文把众筹从国外引入了国内，知道这个政策的人基本上早就打消了心头顾虑。靠目前国内的金融政策，想要普及创业，仅凭那几家大银行解决所有中小企业的融资问题很不现实，所以我们要把思路换一下，把融资路径多往民间转转，依照我们自己的双手和智慧去寻找出路和想办法。以后相信金融政策也会发生大的升华和突破，让创业者多研发产品，多做新科技已是当下潮流，这个规律一直都在且不会改变。

众筹现在没有大面积普及，不是众筹不好，而是市场火候还未到，等到征信普及、全民创业后，相信企业会有巨大的活力，或者颠覆市场或者再出现第二个马云，那时候传统商业将继续更新换代，全民持股将会风靡大众，这个结果虽然需要长期等待，但梦想能实现往往都需要时间，所以要不断地坚持前行努力把它变成现实。

"梦是路途的礼花，有梦的人是生活的作家，不论小梦想还是大梦想，有梦的人更容易飞翔"，祝各位梦想成真！

第二节 客观条件

一、政策和环境因素

众筹融资做起来比较难,因为"众"的缘故,因为众口难调,有些利益会发生碰撞,造成集大家力量做事变得极不容易。种子要想生根发芽,长成参天大树,土壤、环境十分重要。众筹要想做起来也得必备一些要件,比如"国家引导、政策支持、法律规定"。

目前政策支持的文件只有十部委的《指导意见》,里边列明了"股权众筹"的概念,但是在法律层面还没有专章规定。现在做事情讲究"有法可依",想要做众筹,得有法律依据才行,要不然很容易会受到外界的非议,所以必须得出台一些证监会的专门规定或专门的解释来兜底。

目前在互联网金融的概念里算是有了"线上股权众筹",证监会也相继出台了"私募股权众筹融资"方面的试行意见稿,但该意见稿仅是征求稿,还未生效。而且里边内容有好些也是参照私募基金的内容起草的,笔者认为有一些地方不太接地气,从大众和创业投资角度来说,显得门槛太高、限制太严,不利于普惠金融的落实。如能设置低门槛可能更利于创业干出来成绩,我们都知道经济改革和金融创新会有风险,但我们也不要畏缩不前,要有不怕跌倒的勇气。

"线下众筹"虽然有《公司法》《证券法》《合同法》等法律支持,但因为其毕竟还是新生事物,还没有相关的操作指引,如能配套上证监会的专门规定,把众筹的线上和线下都规定清楚,让其更全面、更具体些,让创业者们有据可循,那么在做事的时候就不会显得那么吃力。

我们国家实际上很早就已经在引导新的东西,"双创"的国策就是鼓励大家多创造些新的经济元素,多做些实打实的事情,但这得需要市场不断的过渡和更新，如同阿里巴巴和新能源领军代表比亚迪一样，项目只要有新技术，很容易就能脱颖而出。

二、投资人要有风险识别和承担能力

"投资人具有风险的识别和承担能力"是第二个条件。

为什么把这个作为第二个？有以下几点考虑：

（1）投资人从销售概念里来讲，也有点"上帝"的感觉。顾客是"上帝"，投资人也有点像"上帝"，假如没有这个"上帝"给你钱，项目可能就无法启动，所以投资人在项目中的作用很重要。

（2）正因为很重要，融资方就要向"上帝"负责，努力工作，不辜负"上帝"的投资，如果"有意"辜负了，就会出事情。从风险角度来考虑，一个"上帝"还不要紧，别忘了众筹里可能有"几十个上帝"，如果他们同时怪罪向你要钱，那么你离领刑事判决书的日子就不远了，担保公司垮的原因就在这里，如果同时有大量投资人上门要钱，你可能就会面临关门倒闭。

（3）"上帝"为什么会怪罪下来？先抛开融资方有意辜负和项目自身情况不说，从金融角度来看，他们绝大多数没有"识别风险和承担风险"的能力，用金融行业的话叫没有审查"投资的适当性"，即你的投资额得和你的抗风险能力相当，比如你投资20万元，你得有能赔20万元的心理和条件才行。

（4）我们去购买股票或者基金产品的时候，券商都会叫我们填"调查报告表"或者"风险告知书"之类的东西，这个就是来分析你的抗压能力和提高你识别风险的能力，它所起的作用就是根据你的情况推荐对口的产品，作用是让你不盲目投资、不忽悠你购买风险较大的产品。

众筹项目也要审查投资人的以上能力，特别是有多个投资人时更要重视。用"线下众筹"的理论逻辑来讲，"不是什么人的钱都要"。这不仅是向投资人负责，更是向你自己负责。比如国有银行那么厉害，如果储户都同时上门取钱，照样会被取破产。所以，控制好股东的预期很关键，其中的核心就是提示他或帮助他识别风险，发现他是否具有抗风险的能力。

现在我们的大学生越来越多，具有一定的识别能力。但金融属于比较专业的学科，如果想投资想盈利，得需要长时间的自身学习和环境进化才行。目前百姓的投资习惯还是把钱存到银行里，所以在做众筹的时候，要把审查投资人作为第二个步骤，这些人如果找对了就会省很大的力，等到真遇到"困难"的时候他们也不会毫无理性地去"围追堵截"你。

三、融资方应必备的条件

众筹融资方（发起方）是第三个条件，这里边需要说的有很多，融资方是众筹项目发起方，也是项目创造者，对项目有深厚的感情。笔者曾经看过一个报道，投资方问到融资方有什么要求时，他回答"只要项目能够做成，任何条件都能接受"，可见融资方对项目的用情之深。

但是，做项目单靠"用情深"还远远不够，诸多客观因素也须全部具备。例如：

（1）发起人最好有一些做生意的经历。因为做过生意的人熟悉生意套路，做事情会更全面些。没有做过生意的人，虽然聪慧过人，但智慧毕竟还得落到地面上产生效果才行，而投资人是不会拿钱等着你去慢慢检验和试错的，所以有生意经历会更扎实些。

（2）有几个成熟的圈子。这个圈子也可以是生意圈，也可以是朋友圈，线上众筹讲究的是"生意"，线下众筹讲究的是"朋友"。没有圈子的支持，想做项目有点孤立无援的感觉，因此多对接一些圈内人显得非常关键。

（3）要有自己的一个商业计划书。商业计划书实际上就是你的创意和产品展现给投资人看的一个载体。做项目只靠嘴说不行，还得有一个看得见摸得着的东西，商业计划书能叫投资人很快了解项目的情况，最好能在5至10分钟内说完。笔者见好多人咨询的时候什么都没有，就是嘴巴上说一些自己的想法，有的甚至还不知道什么叫商业计划书，这很难打动投资人。因此笔者建议做项目时有个商业计划书会更好,如果自己不会写,可以参照本书,也可以上网检索,上边有很多类似的范本。

(4)要有自己的一套团队,哪怕几个人也可以。发起人大部分都是做技术出身,技术是项目的萌芽,也是核心竞争力。这几个人是项目的根子,有了这几个人的展示,在吸引投资方面会更有力。线下众筹说的筹资源,有点类似于搭建项目团队,但真正主要发力的还是最早的那几个人。

(5)懂一些金融和股权会更好。如果不懂这方面的知识,可以找证券、银行了解投资贷款方面的政策,找律师咨询法律融资方面的知识,不要吝啬区区的一些咨询费,这比起请客吃饭花的大餐钱要更有价值。发起人作为掌舵人,要面面俱到,所有环节工作都要掌握些。

(6)项目小一点,利益冲突少一点或许也是好事。项目小,利益就小,利益小,股东的顾忌就小,顾忌小,就最容易掏钱投资。市面上好多项目就是因为投资大、利益冲突大,所以好多股东望而却步,产生顾虑,最终没有投资。其实多做些"一两天的活动众筹,做个短期的活动,几天时间很快就结束",这也是一种有利的众筹探索,这类探索比较适合于专做文化类营销或咨询推广的公司。

四、明确项目的定位

融资方还得准确知道自己"项目的定位",或者这个项目以前就做过,知道项目的特征,例如项目的困难是什么、项目缺什么、需要怎么补缺等因素。

众筹需要设计产品机制,在设置产品机制前,你得知道能从众筹股东那里得到什么,然后才能给他对口的产品回报,所以项目定位非常重要,定位定准了,你才能设计出股东想要的产品。

在定位项目的时候,也需要一点情怀,在融资的时候,只谈缺钱理由也不是太充分,情怀是内心具备的美感和情绪,如能调动起来,着实能给发起人很大的动力,众筹股东的情怀如果和项目特点一致,那么做起来就会更顺手。

情怀也得接地气，不要谈得太大，用王健林的话来说，"先定一个小目标，先赚他一个亿"，这个就很接地气，你可以把它定位成"先赚一百万"，这是从财务方面做的考量。因为有具体所指的可以展现出来的对象，在实现起来的时候就有可行性。如果谈到"为全人类谋福利""维护世界和平"等之类的情怀，目标虽好，但面积太大，不能估值，也不易实现，这些事情不是凭你我之力就能达到的，这时候就应该再具体些。

知道众筹要"设计什么产品"和"具有接地气的情怀"，也算是做众筹需要具备的条件之一。因为众筹是创新创业项目，需要积累智慧，从创造角度来讲，其意义大于难度，敢于做众筹的人就是有智慧的人，坚持下去必然能创造出好的项目和产品来。

五、要有发明创造的思维

"运用互联网思维做项目"，也是做众筹需要具备的条件，特别是在共享经济年代，怎样连接大众、整合各处资源是主要方式，现在的客户需求需要新意，传统的思维和模式已经满足不了这个需求。

所有敢玩新意的企业都走在了时代的前面，例如支付宝、微信、美团等都在引领我们消费，我们乖乖地付费不说，还由衷地表示感谢，什么原因呢？是新意。新意如果有内容且很实用，人们会很乐意买单。

看看我们的高铁，现在是世界领先，其行驶中的稳定性秒杀日本、德国等多数发达国家。有网友在中国动车、日本动车上做了个试验，拿硬币竖起来，测试动车行使的稳定性，结果只有中国动车上的硬币基本不抖动，中国动车给国人挣足了面子，这一切都源于我们的新技术和新内容。

做众筹也必须得有新思维，不能以传统模式来做事情。去中心、万物互联是互联网的典型特征之一。阿里建立了支付宝改变了银行，美团建立了线上购买改变了我们的饮食习惯，共享单车建立了自行车租车改变了我们的出行习惯，是否还有其他行业需要我们来改变？结果是肯定的，如果还用原有思维考虑，是改变不了它们的。

接下来，哪些行业还没有被改变？这是大家，也是我们所要考虑的事情。我们如果想出创意改变了这个行业，那么下一个马云就是你。

其实，想改变应该不难，我们每个人都处在某个行业，因为自己都了解自己行业的特性，如果从自己的行业思考，想出一些点子来并不难，难的是我们愿不愿意去思考。没事的时候可以找几个朋友聊聊天，即便是不成熟被搁置，但总比喝酒划拳到深夜，第二天起床头疼好得多。

思考和聊天给我们带来的是精神富足，也能促进发明思维的产生。据说以色列的老头们都活得神采奕奕，有很多70多岁了都还冲在一线创业研发，可能跟他们热衷于发明创造有直接的关系吧。

六、有想法的人越多越好

我和朋友交流，问到众筹案例现在有没有做成的？笔者想了想，好像不知不觉已经做成了两个，就是我们的读书会和读书会的希望书屋。

在做这两件事的时候大概是2013年，当时似乎还没有众筹的概念。发起人发起后，很多书友便加入进来，用现在的眼光看，这就是众筹或者是"类众筹"。商业模式道理相通，众筹和其他项目模式都有共同特征，是合伙做生意也好，还是筹大家力量也罢，基本上都离不开"一起做事"的特征。

众筹为什么到现在还没有遍地开花？笔者当时提出，第一个是有想法的人太少了，在做事情上人们都选择安于现状走传统路线，因为前边已经有人趟出了路子，只需跟着模仿就行了，这从社会新技术进步来讲，是个绊脚石。从人性上来讲，人们都喜欢"亲近快乐，远离痛苦"，创业是一件苦差事，所以人们都有畏难情绪，特别是在创业的路上，创业者都要经历"艰苦奋斗"的阶段。在困难面前，激流勇进的都是少数，大部分人选择了安逸的现状，所以很多人都选择了走老路，弱化了"思考和想象"的力量。

在"保本微利"的投资现状面前，人们还是不愿意去做大的冒险，基本都向传统习惯妥协，这种情况不利于新事物的产生，你也不会有突飞猛进的进步，所以当下迫切需要一大批有想法的人涌现出来，把新意和创意付诸实践，并逐步变成现实。如果把众筹模式设计好了，可以颠覆很多个行业和改变很多个习惯，可能会产生许多新的社会生态，其威力不逊于互联网带给我们的红利，指不定我们会像"阿里巴巴"那样的传奇公司一样，做成很多个行业第一。

七、股东不一定非得多

众筹在"众"的定义里，天然具有人多的属性，即利用众人的力量帮助发起人完成一件事情，这里的"众"到底是多少人？好像目前没人给它个界定。

从办公司依据的法律来讲，唯一可以找到人数限制的是《证券法》《公司法》等法律的规定，即在"注册公司"和"公开发行股份"时，不能超过200人。

最近，有的美容院在大张旗鼓搞美容业的众筹，声势浩大，据说融资额不菲，不过令人担忧的是，笔者见到的现场照片中，居然也有几位大妈举手通过募股。美容业属于"消费+股权"类众筹，顾客天然具有刚性需求，女人都爱美，这是天性，可以很快投身其中，但真的是顾客越多就越好吗？

笔者持"中间意见"，凡事要辩证地看。如果是纯消费众筹，人数自然没有限制，越多越好，别说200个人，就是2000个人也没有什么不妥，因为只要不是公开"卖股融资"，纯销售产品没有数量限制，多多益善。如果有股权融资的性质，200个人肯定是个"当头棒"不敢逾越，也不能"向社会公开募股"，在股东条件方面，最好要遵从"线下众筹"里列出的几个标准，即中产阶级、35岁以上、摆脱了生存需求等，笔者后来又给他加上了具有"风险识别和承担能力"，具备了这几个标准时才可以考虑吸收为股东。

在没考虑以上环节时就大面积地吸收股东，风险极大。从公司发展的角度考虑，股权不宜过度分散。华为采用的是全员持股，股权全部分配给员工，但至今不能上市。股权如想分散，前提是你得有好的核心技术，具有超强凝聚力，这样股东才会永远陪伴你，华为就是很好的例子，产品最终傲视群雄，这是一条特立独行的路子，大家可以借鉴，但不能盲目照搬。

股东多还是少，取决于你的项目大还是小。如果你的项目不大，规划的时候就不需要筹那么多的人，特别是对于创业者来说，不要盲目地以 200 个人为基数，最好结合你的实际情况，先走完第一步再说，例如你先把公司做起来，把业务先开展起来，实现基本盈利后再考虑二次壮大的事，如果一开始就把股东人数做得很大，从公司管理角度来讲会增加很大的成本，另外从融资角度来讲，融资风险也会变得很大。现在很多商业讲究模式复制，如果你的项目很小，但做成熟了，再开展第二次复制模式也是一次很不错的尝试。

在战略定位上，可以先做"小而美"，再图"大而全"。在模式选择上，不用局限于必须用众筹模式，如果传统模式比较合适那就"就近取水"，继续使用传统模式，这是笔者在看项目中间积累的一些经验之谈。

八、有明确的消费群体

众筹原理和做生意一样，顾客是基础，要想生意兴隆，得有一群忠实的顾客。产品如果好，顾客就会很愿意买单。

众筹实际上也是在设计产品让消费者买单，除了公益众筹以外，其他类型的众筹都不能远离顾客（这里的顾客指的是有商业需求的顾客），仅凭投资人的参与还远远不能带来热闹的生意，核心还是要有庞大的消费群体。

为了建立庞大的消费群体，众筹把消费者也拉了进来，作为股东进入合伙层面，这样就增加了消费者数量。有的美容院在全国开连锁，也是用众筹的方式把各地的分店作为合伙人，有点股权激励的意思。

把消费者再往下细分，这些消费者应当是有明确需求的消费者，或者说你已经搞清楚了他的需求，商业上叫"行业划分"和"需求锁定"，例如酒店业众筹，目标群体就是有消费能力、经常出门的群体；美容院众筹也是锁定有经常性美容需求的那些女顾客们。

众筹需要情怀，也需要理想，这些是做事的动力，但最重要的是要有顾客，顾客就是"爹娘"，这是基础。所以在做众筹前，一定要想清楚我们的顾客在哪里？顾客的需求都有哪些？顾客锁定了，商业模式就好设计了，具体是消费众筹还是股权众筹，那就要看项目的难易度确定了。具体怎么锁定，各位回去可以根据自己的行业特性去思考和掌握。

另外，在股权众筹中，如果选择把顾客作为股东，顾客就要严格把关。例如酒吧众筹。有的朋友想做酒吧来咨询，笔者发现这里的消费者人数多且参差不齐，这些人虽然有消费需求，但他不一定适合做股东，这些人往往都以"散客居多"，而且也不是朋友圈的人，有"向社会公开募股"的风险。所以在选择是否做股东方面需要仔细斟酌，具体怎么选人，"线下众筹"里列出的几个标准完全可以参考，这些都是很好的例子。

九、有共同需求

"众口难调"，这既是人性问题，也是管理难题。如果想让大家步调保持一致，就得找到共同需求，设计出共同需求的产品，人们就会保持一致，高度跟着管理走。

淘宝生意为什么那么好？因为它抓住了人们都有购物的需求；影院为什么生意那么好？因为它抓住了人们追星、进行精神文化提升的需求。而这里的需求可是有几亿人的共同需求，如用一个产品就能满足该共同需求，该产品就会成为爆款。

"1898咖啡馆"是平台众筹，它抓住了人们想交友、建人脉、想签单的共同需求；"众筹开火车"是消费众筹，它抓住了人们出行必坐火车去旅游的共同需求；"微课堂"是消费众筹，它抓住了人们都想向一个特定老师学习知识的共同需求；"希望书屋"是公益众筹，它抓住了人们都想做好事、献爱心的共同需求。以上几个做成的项目还有一个特点，就是在共同需求的背后，有庞大的人数基础。

"绝对多的人数+共同需求=众筹设计的必要条件"，这是做项目的规律，也是笔者从已有众筹案例中摸索出来的经验，适用于每个项目，可以作为众筹原则和准则来参照使用。

十、有产品、创意和学习

人跟钱都没仇，越多越好。当利益摆在面前的时候，都会争相获取，这是人性的优点也是弱点。

有一些企业向笔者咨询众筹的时候，都希望众筹能给他快速带来一场商业变革，快速把钱、人都筹到位，这不仅是对新鲜事物的兴趣，更是人们对获取利益的迫切心理。但却都忘记了，我们凭什么能这么快获取利益？

近两年，笔者看了也听了很多项目，除了希望书屋、微课堂成功以外，还没有听说过有什么好的案例，但没听说过并不代表没有，有好多人都在私下做，或许是基于商业方面的考虑都没有公开而已，例如众筹火锅店、众筹小厨房等都不错。为什么没有成功的原因有很多，以前说过有大环境、市场的原因等，其实更重要的是我们的企业家都不太懂众筹，或者自己手里还没有好的产品和创意，这是最主要的原因。

如果想要做成众筹，产品和创意或全有或择其一，这是"根本实力"。拿产品为例，产品不仅得有，而且得好，还得有共同需求，有庞大的消费客户更好，这样就不会愁卖，这些条件具备了，不管是做消费众筹还是做股权众筹等都会有基础。

消费众筹很好做，这里的集资风险也会少很多。股权众筹因为涉及人数众多难管理，所以把人数放得小一点会更安全些，例如在单位内部或者亲友圈先找10个人、20个人，把投资、消费、传播合三为一，前期可以小范围地试试，这样做起来不仅轻松，还会对原有项目有所创新，等经验积累得差不多了，可以把项目再重新复制一个。

思想属于意识形态，从思想里边可以产生创意，思想和产品比起来虽没有可评估的价值空间，但它是一切产品进步或创造的根源，二者如结合起来威力巨大。所以，我们要做众筹应该是凭实打实的产品，如果你的产品落伍了，那么你得重新获得过硬的产品，要么更新换代，要么重新设计，这是吸引顾客投资和消费的最好工具。如果缺少创意，就多出去走走看看，多看看国外或大城市的经历，多看看国外著作或者新的资讯，实践证明，如果不开动脑筋好好学习，做什么事心里都不会有太大的底气。

因此，产品+创意+学习=我们做众筹的底气和根据。

十一、产品和信任

在进行项目讨论的时候，发起人都会比较关心产品，也就是用什么来让投资人投资和消费。拿平台众筹为例，里边的咖啡、茶、红酒、简餐、环境、书籍打造出的综合体能不能吸引投资人来投资？按照目前列举的条件来看，这些都吸引不了投资，因为这些产品在市面上都有，既然都有，那么投资人凭什么要来买你的而不买别人的？这里边有两个回答：一是你的产品要有差异化，二是平台众筹提供给大家的不单单是产品，更重要的是圈子，来的人可能都是看中了里边的人脉资源，这个人脉资源也可以理解为你提供给大家的"产品"之一。

有了良好的产品，在等额返卡时，投资人才会觉得花的钱比较超值。

人无信不立，这是千古不变的道理。拿平台众筹为例，要想找到投资，必须得让别人信任你。这里首先要解决的就是对主要发起人的信任问题，信任可能是来源于以下条件：①朋友间的日积月累；②为人处世的良好口碑；③专业领域的技术特长；④基于领导力的情商智商；⑤行业地位的领头优势等。

十二、有架构技术

众筹融资现在主要表现为缺技术，缺架构技术、法律技术、财务技术，对应的缺架构人才、法律人才、财务人才，最主要的是缺架构技术和人才。

企业都有逐利心理，只要能给他创造利润的，只要他觉得值，几十万的培训费或咨询费，企业家会毫不吝啬地马上付钱。这也是市面上那么多商业培训班、讲师们那么火的原因之一。但很少有企业家会用心去琢磨自身的商务技术问题，也就是企业里缺少研究的那部分人。所以，大部分的企业都会采用复制模仿的方式，跟风模仿成为当今主流。

在当下的很多公司中，很多新技术都是在借鉴别人技术的基础上发明创造出来的。众筹也可以负责模仿，但前提得有模仿的案例。"1898咖啡馆"是成功案例，"人才IPO"是成功案例，这些案例都在被模仿中，但其他类型的模式仿佛还没有一个特别成熟的机制可以进行模仿，这说明众筹里确实存在一定的技术难度。所以，要想设计出好的众筹模式，笔者认为，得有海量的数据和专业的实践经验，这不仅要懂商业方案，还得有潜心研究的毅力。

在架构技术方面，需要说明五点，这五点如果具备了，这个项目的成功率就会很大：①顾客足够多；②让更多的人知道你的产品；③调动大家的积极性，愿意参加项目；④大家都认可你的产品；⑤大家都信任你。

这几个点是笔者最近在尝试做"微课堂"时，摸索出的一点体会。

十三、投融资双方都要有良好资信

俗话说，"路子正才能走的直"，没有烦事缠身，道路才能一马平川。做生意也是如此，没有不良记录，没有官司缠身，生意才能做得顺风顺水。

用法律眼光来看，企业应该有自己的良好资信。不仅包括投资方，也包括融资方。

首先是融资方。要求融资方的过往履历最好不要有已经发生和正在发生的官司。中国人以前有句古话叫"屈死不告状"，大概意思是说在封建专制、官商勾结的年代下，老百姓告状只是给自己添累，有理却打不赢的意思。

当下社会是民主文明的新社会，和旧社会有天壤之别。但作为融资方，整天官司缠身，今天不是告别人，明天就是被人告，在外界看来，这么多官司，一定是自身有问题。如把企业时间全都花费在了法院里，你以这种现状去发起众筹，就会很难获得投资人的信任，投资人也不会愿意把钱给你。笔者虽然是律师，诉讼打官司是业务类型中的一种，但笔者一直不希望看到企业打官司，特别是想长期发展的企业。笔者归纳处理纠纷的通常准则是："如果能通过私下处理的事情，找准问题的痛点后，首选调解和谈判"，这类好处是不会在法院留"黑名单"，也能妥善处理纠纷，双方都能皆大欢喜。所以，选对办法很关键，毕竟打官司不是解决纠纷的唯一出路。

其次是投资方。投资方如有官司，他给的钱也要慎重考虑。当他对外欠债时，将来如果败诉，他的债权人就可以执行他名下的债权。在这种情况下，他投资给众筹项目的股权和盈利就被视为"可实现的债权"，法院就可以发出执行令给项目公司，此时不单单指的是这笔债务，也可能会影响整个项目。

避免以上问题的最好办法，就是在项目前期，对投融资双方都进行尽调论证，根据尽调情况出具法律分析意见，评估下双方可能造成的违法成本，作为众筹项目运行的基础资料。

实践中，也有"好人被冤枉，被诬告的情况"，这个要区别对待。从对项目负责的角度考虑，在做分析调查的时候注意以下几点：

（1）要从线上和线下都对投融资双方进行考虑。线上是查一些征信的调查网站，线下可能就是朋友圈的口耳相传，有时候可能会因为朋友的一句话而拯救整个项目。

（2）重调查落实，"不误会每个好人"。调查论证这个过程不宜太长，太长了会影响项目进度和效率。尽量不开慢车，但也不要过度开快，在保证项目能正常开展的情况下，有条不紊地做事。

十四、不要怕花钱

做企业做生意都有收入和支出，当收入大于支出时获得的就是利润。这些账企业家们都会算，在做众筹的时候，作为发起人应不应该去算这本账？回答是肯定的，毕竟众筹的表现形式也是以公司的形式出现,既然有了公司当然也应该考虑财务花销。

但是众筹的商业模式和普通公司不太一样,众筹讲究产品机制,可能要吸收很多个投资人,例如消费众筹、平台众筹等。

那么在做众筹的时候,用不用提前做个项目预算,把需要多少钱给预算出来?回答是肯定的,例如房租、水电、人员工资、税费等。可能有的老板会在开支方面精打细算,但笔者认为,众筹的核心是产品机制,如果你把产品机制设计好的话,会很快吸引投资,当钱融得足够多的时候,开支的压力就会小很多,这点在平台众筹里尤为明显。

发起人的主要精力应该放在设计产品机制,也就是自己的产品上,先找到投资人的痛点,即他们需要什么样的产品或服务,那么你就设计什么,从商业角度来讲,就能很快获得投资。

假设我们融得了 1000 万元,在项目运作中有了开支,开支是常态,只要公司开张了就必然要花钱,公司的注册资金才是众筹里边的精髓。众筹的功能之一是融资,筹到注册资金是第一步,开支是项目运行中的细节,要有专业的执行团队来打理,去做个项目预算就能大概知道这个项目能坚持几年,但还是应该把融资对应的产品机制设计得完整有益,粮仓丰满就不会怕闹饥荒,发起人也就更有底气大干一场。

通过以上总结会发现,"实打实的产品和创意"才是你获得投资的根本条件。

第三节 行为条件

一、发起人要具备五种领导力

在合伙中,股东各有性格、优势和特点,到底以谁为主,听谁的话?就会聚焦到谁是团队的"头儿"上面,而根据市场的惯例,能当上"头儿"的,这个人一定会具有相应的"领导力","领导力"主要体现在以下五个方面：

（1）预设好的，具有强制性的领导力。例如，有的人被分到体制内单位，上边有厂长，厂长下边有部门经理，你上班后就必须要服从他们的管理，这个体制是提前预设好的，还有基于法律政策的预设，例如，府领导，你作为公务员自然要受他们的领导，这带有很强的法律强制性。

（2）来源于报酬发放的领导力。例如，给你发工资，谁就是你的当然领导，这个带有很强的人身依附性，没有理由拒绝，要无条件服从。

（3）来源于专业技能的领导力。有些人具有专业技术，你跟着他即使不给你发工资，你也愿意服从，因为他的专业技术独步绝尘，令你佩服，如能学到他的专业技能你会愿意长久跟从。

（4）情商巨高的领导力。智商虽然可贵，但情商也是超越他人的最好表现，情商高的人具有天然的领导优势，这里边不仅有人性的优势，也有管理的优势，你的言谈举止、你的细致入微、你的人格魅力等都可能会是别人跟从你的依据。

（5）以上条件的综合体。前两种的领导不可能做到令人"心服口服"，这里边多半是体制和薪酬的束缚，带有被动性。后两种可以令人"心服口服"，不仅有激情万丈，更有人性的光芒。

所以不管是在普通合伙里，还是在众筹融资里，在确定"头儿"的时候都可以把以上标准作为参照选拔，这也是股东们是否会对发起人产生信任感的主要依据。

二、要提前想出路

这里的"出路"，指的是退出机制，即提前把股东退出的条件想清楚，就如同"结婚自由，离婚自由"一样，众筹就像结婚过日子，日子过好则甜甜蜜蜜，如日子过不下去也应让另一方有寻求下一个伴侣的权利。

有人咨询笔者，说有一群创业股东们闹争执，协商后无法达成一致，一个股东索性表态："要不干大家都不干，一同完蛋"。显然这不是创业者愿意看到的结果。这除了有人性、商业等多种因素外，从管理和法律上来说，实际上是没有提前约定好退出机制，没有提前给股东留出路，就好像水库满水后需要水坝分流一样，得有个改良和救济途径。

传统的退出机制一般有上市退出、股权转让退出、回购退出、清算退出四大类。除此之外，一些机制也可以根据项目灵活制定，例如达到一定的成绩、业绩、盈利等都可以作为股东退出的条件。在法律层面上，国家不会过多干涉股东退股，这个决定由股东们自由掌握，但不能不让股东退股，也可以把股东退出机制交给大家来定，例如股东少的项目，就发挥大家的智慧来共同制定退出机制，可以在股东大会上把命题抛出来，让股东们一起讨论。

三、对参与人做知识培训

"线上众筹"在性质上属于互联网金融，"线下众筹"属于找人合伙做生意，它的表现形式就是与他人设立公司开展生产经营活动。组织形式可以是有限公司、有限合伙企业、股份公司、农民专业合作社、个体工商户、民间个人合伙等，不管是哪一种形式，都离不开"公司"和"股权"两个关键词。

"开公司"和"分股权"，是每个众筹项目都要面临的基本问题。但据笔者了解，国内企业目前最多的是中小微企业，好多企业家在公司管理方面，还没有制定相应的科学管理机制，基本都是一个人说了算，在面对众多合伙人加入时会显得力不从心、准备不足，这里边就涉及"表决机制"和"议事规则"两个大方面，这两个是公司内部经常发生僵局的地方，值得管理者高度重视。

"表决机制"和"议事规则"说白了就是："会怎么开？谁说了算？"这样形容大家理解起来可能就会更直观些，这可能会直接涉及项目是姓"王"还是姓"赵""遇到事情该怎么办"的方面。

绝大部分中小微企业家都是白手起家，自己一个人我行我素惯了，好多事都是酒桌上决定，没有用国际上流行的公司规则办事，这里边原因多种多样。前几天笔者看到一个上市公司董事长对高管层进行大换血,在对某高管去留问题上,董事长说过一句话"我们是上市企业,要按照国际标准来办"。所以很有必要让企业家跟上国际的节奏,不能掉队,在保留特色的基础上融入科学的议事规则和表决机制,慢慢依法依规办事,做到"兵马未动,规矩先行"。

"股权"是公司里边的核心内容之一,也是股东对公司享有控制的筹码,怎么用好这些筹码,让这些筹码发挥积极有益的作用,就是议事规则和表决机制的具体体现。

众筹项目里边不管股东是多还是少,建议都应照章办事,用会议和表决来增强发起人和新进股东的连接,首先要做的是对发起人的基础培训,可以是二十分钟,也可以是两个钟头,讲出来什么是公司,什么是股权,以及这两个地方对我们会产生什么样的影响,树立起发起人的商务和法律意识,以身作则,为以后项目情况打好基础,尽量不要因为对公司知识的缺乏而造成麻烦。

四、做好信息披露规则

投资人不敢把钱投出去,来自于对对方的不信任,上边笔者说过,只有深刻了解对方,才会促成交易。因此,建议融资方把自己的信息披露给投资人,知根知底后才能推进合作。

在众筹里,信息披露一般应包含三个方面的内容:(1)融资方自身情况的披露,例如自己的资产、资信、经验、技术团队等;(2)项目运行中的披露,例如项目运行情况、财务开支情况、股东变更情况、股份转让情况等;(3)关键股东构成情况,例如主要众筹股东的资源优势、技术优势、对众筹项目的帮助情况等。

创业者项目在实际路演的时候,一般都会制作PPT,也可以把这个PPT理解为商业计划书,在这个商业计划书里会体现出发起人的基本情况和技术团队情况,例如发起人由哪些企业家构成、分别做的是哪些公司及项目、技术团队的众筹架构师、律师、会计、装修设计师等信息都要进行公布,让投资人对众筹项目有一个更直观的了解。在项目运行中,拿饭店为例,笔者还见过在微信群里公布每天饭店的"营业快报"的,例如营业额、订单数量、翻台率、每日盈亏点等,这样公布的好处是基本上很好地完善了股东对发起人和公司之间的信任,也增强了股东之间的凝聚力,不仅降低了融资风险,也提高了公司整体的经营效率,值得好好学习和借鉴一下。

五、选择高调还是低调?

现实生活中,每个人在做事的时候都有自己的选择,不管高调或低调都应受人尊重,毕竟人与人生来平等,他的日子过得好与不好只有他自己才知道,别人无权评价。

众筹也像过日子,过得是"项目"的日子,过得是"合伙人"的日子。这种日子究竟应高调还是低调?或者可以这样提问,做众筹时应该高调还是低调?

"高调做事"可以被世人众知,好的一方面就是能够快速扩大影响力,尽快融到资。缺点就是树大招风,当万众瞩目时,关注的人越多,你的社会责任就越多,评价负担就越大,稍有不慎就名誉扫地、前功尽弃。"低调做事"时"老婆孩子三分田",虽有满腹经纶,但才华无处施展,在无人敲锣开道时,只能孤芳自赏。

基于以上特征,建议公益项目尽可能高调,从宣传角度来讲,知道的人越多,人的基数就越大,能参与的人就会越多,这样成功的概率就越高。如果是"小而美"的项目,知道的人越少,股东就会越集中,社会责任就越小,压力就没有那么大,这样关起门来做事就会很安心。但这不是绝对,也可能公益类的项目适合小范围、"小而美"的项目适合大营销,具体何种类型,视手里项目特点来做决定。

"高调"和"低调"也就是做事的态度,这个态度跟做事的人的性格有很大关系,到底选择哪种,如同每个人的人生一样,没有一个固定的标准,完全取决于自己,在迷茫的时候,可以问问你内心,最初的追求和初衷是什么。

六、激发投资人的参与感

在投资方面,项目利益越小,可能投资额就会越少,根据利益与风险成正比的原则,在这种情况下所引发的项目风险也会越小。

股东参与感越多,他对项目回报的预期会越低。拿影视众筹来说,股东参与演戏,他已经获得了相当多的出镜率,得到了相当多的"回报",对于"只图名不图利"的股东来说,这种回报机制很得当。影视众筹,如果是大制作,可能涉及的方面会很多。但如果是小成本制作,就比较适合做"小而美"的项目了,可以固定几个人演戏,不用太多投资。"小而美"的项目比较适合创业创新项目,适合有想法的玩家或者达人,即便项目不成,作为练手也很不错。如果片子质量高就自然可以成为一个很成功的案例。

现今市场非常适合做文化项目,消费者多追求文化及精神文明方面的体验,互联网技术又很发达,能当小视频里的男一号、女一号自然是件很有趣也很光鲜的事情,参与进去表演,能让参与者展示自己,表现自己,也符合他们的基本需求。所以,众筹可以在参与者身上多做文章,增强他们的参与体验,这也是众筹能够尽快做成的一条捷径或者一个思路。

第五章
众筹现状的深度剖析

第一节　几种可以做众筹的项目设想

一、众筹送水平台

　　家庭饮用水是刚性需求，每个家庭都想喝到质量好的纯净水，现在流行弱碱性水，经常饮用对身体有很大好处。但现在送水有个缺点，即"送水太慢"，有的得等一下午，干着急喝不到水。假如有一个专门的送水团队，像外卖小哥们那样，在你口渴难耐的时候，十分钟飞奔，把清澈甘甜的纯净水送到你的面前，岂不快哉。对于"送水慢"的问题，是否可以用众筹的思维去解决？

　　首先我们得有一个发起人，发起人可以是投资人，可以是卖水店家，也可以是送水小哥。设置一个网络平台，网络平台上装了各种店家和水，顾客选中水后，由平台发通知，由离得最近的小哥接单，然后把水送到顾客家里。这个有点像淘宝平台，我们能否设计一个送水界的"淘水平台"？

　　当然，在这之前，我们还得算一下成本，做一下尽职调查，看看用户数足不足够支撑起这个平台，每个顾客需求大不大，需求周期是多久、利润是否跟得上等。

　　卖水店家每人出些钱，把平台搞起来，平台上可以只做出资人的水，如果水的质量好，送水又能快速送到，不叫顾客等得太久，这样很快就能绑定顾客，培养粉丝群体。至于平台与送水小哥怎么合作,那就归结到商业方面了,我们可以吸收特定范围的送水小哥作为股东,结算方式也可以单次提钱,目的是调动送水积极性。满足送水需要、快速售水。

因为笔者经历过家里送水太慢的事情,有时候一等就是一天或半天,所以才有了这个想法。我们能否也筹一个送水平台,平台其实也是在售水,这样可以提高效率和销量。同样的,也可以筹一个汽车平台,轮辘没气、车里没油、停车熄火、交通保险、事故等情况发生后,一点击店家就能很快到达现场,解决紧迫问题。日常生活中类似这样的例子还有很多,懂了众筹后,读者可以多去想想,不要怕犯错,只要勤思考、多动脑,肯定会有很好的构思。

二、小型厨房也适合做众筹

笔者在学习众筹期间,晚上应邀在一个福建朋友家里做客,因而吃到了他们的家乡菜"簸箕板",那米浆劲道、入口滑溜的口感至今难忘。

有人咨询过笔者众筹厨房的事情,他的平台是一个小型咖啡馆兼具书吧,并且自己设计了众筹厨房的模式,让笔者给他做些咨询。笔者认为众筹厨房可以具备以下特点:①厨房属于消费众筹;②顾客充值获得等额的饭卡;③承诺几年不倒闭,足够这些饭卡消费完;④厨房可以设在书吧或者咖啡厅里,用这种方式吸引固定顾客,另外在平台里也可以增加其他消费衍生品;⑤对接这些顾客之间的资源或让这些顾客之间互相对接;⑥让顾客介绍圈外的人来平台消费;⑦也可以设计股权众筹的模式,这个要根据平台的预期大小来决定,如果是小平台用消费众筹也足够用。

基于以上思考,不妨设想一下:假设有人会做一手福建菜,里边又有你爱吃的簸箕板,你或许是福建人或许是慕名而来,不管出于哪一点都可能会增加你参与的兴趣。你拥有一个好厨艺,又有一个好平台,做众筹厨房的可能性就会大一些。假设你会一个拿手绝活,会做炒龙虾,调制独一无二的咖啡,或者炒制独特的家常菜,就可以把爱吃你菜品的顾客吸引进来,顾客的分类可以参照刚性需求、共同需求来寻找。具体做法可以是开个新店，也可以是传统企业进行升级改造，都能从这里边觅得不错的回报。

厨房众筹以"小而精"为基础，够你自己一个人操作以小店或小平台的搭建为目的，你又是发起人和掌舵人，没有太多的机制约束，所以做起来就会轻松许多。因为是纯消费众筹，又不会有太大的集资风险，这是一种很好的商业思路，值得读者去探索和尝试。

类似厨房众筹的思路在现实中应该还能找到很多，目前懂众筹的人不多，企业大都还是用传统的模式来经营，在当下实体经济换代和转型的大环境下，很有必要用全新的模式来发起项目，多多支持那些一直在坚持研发的创业者们。做企业的也要用全新的思路来看待生意，围绕上下游的人来拓展规模，用激励思维聚集人气，用好的产品机制回馈顾客，自然就会使你的产品具备独特的竞争力。

三、众筹小酒厂

现在人们对"养生"的需求越来越强烈，一提到健康长寿基本没有人会反对，好的食物和饮品是第一选择，这是刚性需求。

前些年笔者尝过一个朋友酿的果子酒，味道非常好。取材山里的葡萄等野生果实，采用酒厂工艺酿造而成，没有人工添加剂，具有红酒的酒色，口感果味浓郁，饮后微醺不醉，精神抖擞。后听朋友说这种果子材料每年还得到山里取材，只能收到6千斤，按照100斤粮食酿30斤酒的换算，酿出的酒也没多少。

何不众筹一个小酒厂？

首先吸纳喜欢喝这种酒的朋友做消费众筹，先试运营一年，如果大家都说好了，可以再做股权众筹。股权众筹把特定的消费者变为股东，也可以把上游的供货商变为股东，上边是纯消费模式，在朋友圈和特定顾客中先试行，这次是股权模式，可以吸收一些特定的股东，按照纯商业模式来运营。有了资金支持，可以再转遍很多山头，原来一年6千斤的果子，现在或许就是60万斤，酿出的酒也能满足市场需求。如果股权众筹搞不成，纯消费模式最起码不会叫你赔，也锁定了更多顾客。

这个创意实际上就是在原有模式上的创新，实际上也没有多高大上的难度，但用了众筹技术后就变得很有特点。产品虽小，但如果酒确实好的话，在市面上没有同类产品，又有固定的消费群体，那么就有销售的基础，可以尝试去做。对于具体酒的价格，前期消费众筹时不宜定过高，可以先叫固定消费者感受到福利，如果采用股权众筹模式时可以参照市场价销售。

众筹比较适合"小而美"的项目，这个小酒厂也是不错的选择。等发现了市场上满足不了的需求后，产品就会让自组织、圈子效应的作用联系得越来越紧密，而好的创意也将会推动无数个实体项目落地，这也符合当代的商业潮流。

四、众筹演唱会

当下是文化需求强烈的时代，人们的物质需求已经基本得到了满足，而在精神层面迫切需要丰富，吃喝不愁后的下一个消费点可能就是文化娱乐和旅游等项目。

笔者小时候是听卡带长大的，当时的偶像是"四大天王"，曾为之疯狂，遇到喜欢歌曲的时候就对着收音机来回播放，目的是记录下歌词，然后跟着卡带一起唱，对于"80后"来讲，这是那个时代唯一一个可以学歌的好方法。

现在各种学歌渠道丰富多样，但是我们与偶像的距离还十分遥远，能不能用一种方法让我们与偶像近距离接触，能让他们根据我们歌迷的需求来演唱歌曲，让我们想见他们变得不那么困难？

偶像们被各种经纪公司包装，唱歌也好，演戏也罢，都离不开经济基础。理论上来讲，如果我们能解决得了经费问题，那么离偶像的距离将会变得越来越近。

那么我们是否可以采取众筹的方式来邀请偶像举办演唱会？

先通过互联网平台发布演唱会消息，发布方可以是经纪公司，也可以是主办方，设定融资额度和观众人数，待融资额度达标后即视为众筹成功，偶像接到通知后即可赴场演出。

可以筹一场，也可以在全国甚至全世界范围内筹数场，可以筹单个偶像，也可以筹多个偶像，例如一个偶像一首歌等。有了资金支持后，主办方就不会怕成本太高。通过平台统计后，也可以提前知道在某个城市的某场观众有多少，在平台上就基本能看到上座率，也可以知道众筹是否能达标，以此决定是否举办演唱会，这样实际上也是节省了主办方的成本。

对歌迷来讲，这实际上增加了与偶像见面的机会，现场听歌需求能够得到满足。通过互联网平台发起的活动有保障，安全性不用过多考虑。筹演唱会属于消费众筹，没有人数限制，只要产品能够兑现，非法集资的风险就会很小，对发起人来讲可以放心策划。

需要提醒的是，演唱会具有极强的人身依附性，众筹演唱会的前提是偶像得答应，同意来搞这么一场有创意的活动。曾经有主办方"挂羊头卖狗肉"，拿别的歌手来顶替，结果被政府叫停，勒令全部退还门票，这是项目内容出了问题。

歌迷想听什么歌，可以在平台上提前选，排名靠前的即为演唱歌曲，让演唱会具有私人订制的功能，这样基本上能保证质量，歌迷们也都能心满意足。只要消费群体基数大，就不用怕做不了事情，就是再大的"腕"也会心动。换了一种新形式后，会发现同一件事情有很多不同的出路，这就是创新的作用。当然，也可以针对观众需求，在一场演唱会中对多个偶像发起众筹。或者可以再大胆地想一下，也可以就一件其他的事情单独对一个偶像发起众筹，例如和巴菲特共进晚餐的例子等。

五、众筹律师文艺圈

律师是专业性很强的技术工种，又被称为"护驾专家"，基本工作是保护委托人合法权益不受侵犯。

律师都是高学历人群，单单一个律师证资格就足以证明他们的付出和努力，但律师也有些短板，例如表演和才艺。让律师放下电脑、放下钢笔去舞台上跳舞，就像是让舞者脱掉舞鞋、拿起信纸写份代理词、去法庭慷慨陈词一样费力。但律师也有自己的文化，好多公益活动需要律师参与，律师也要展示自己的才艺，也要和活动方进行互动，展现精彩的文艺形象。

好多业余活动，律师协会是组织方，发动律师主动参与，但现实是律师要办案件，学校毕业后基本告别了文艺，脑袋里全是法规法条，眼里全是不平事，要解决纠纷化解矛盾，再加上律师也要挣钱吃饭，任何再好的期望和才艺在生存面前都会变得软弱无力，所以不是律师没有才艺，没有活力，而是缺少相关机制，如有了激励机制，才艺自然就会出现，我们现在缺的是愿意贡献才艺的人。

能否设定众筹模式，把有才艺的律师筹进来？想叫这些能人进来，必须要有回报机制：①授予"锦绣律师"称号；②在各类媒体进行宣传（完全免费）；③如有行业内部评选，优先推荐和考核"锦绣律师"；④如有出外业务交流活动，优先推荐"锦绣律师"等（完全免费）。

这些"锦绣律师"就是代表律师才艺和文化的主力军，上边的这些回报机制可能还有点少，我们可以再慢慢想，目的是让"老实人不吃亏"，贡献多的人就要有对价的回报，律协和司法局手里应该有很多这样的回报资源，要充分利用。建议发起人是律协或司法局，只有这两个机关才有权威，才有条件设计回报机制，才能调动律师积极性。

我们想和外边单位搞活动，前提是我们得有一批文艺律师，有这些人在就不怕做事难，所以笔者想起了用众筹模式来筹个文艺圈子，有了这个圈子，律协想要做什么公益活动就更会有底气。毕竟，对外宣传方面，真正能代表和展现律师形象的，能做贡献的还是律师自己。

还有我们要定位清楚，这个非常重要，即一切对外文艺活动是给谁看的？是给社会看，还是给我们自己看，这个很关键，直接决定回报机制和律师的归属感。

公益众筹最好做，政府或机关最具号召力，基本上是一呼百应，所以才斗胆想起了这个创意，不知是否可行，但出发点是好的，可以分解律协工作压力，进而发现有才艺的律师，增加社会对律师的正面认识。

六、尝试众筹旅游线路

在市面上，消费众筹做成的有很多，"线上众筹"的案例多是以"提前销售产品+锁定顾客"为主，"线下众筹"的案例也不少，例如"众筹开火车"，是一个很好的便民举措，也是很好的商业方案。

众筹开火车，有很大的客户群，火车是出行的必备工具之一，客户的需求很大，能够满足项目的运转资金。旅行社能否和铁路局联合，开辟一趟专属的旅行线路，例如直通大草原、拉萨、俄罗斯的专线，旅行社可以设计许多好的旅行产品，吸引旅客消费，铁路局需要做的就是准备一趟（假如旅客足够多的话）或者一节座位，预售火车票，开辟众筹窗口，做法和众筹做法一样，票售完后就发车。

旅行社也可以和航空公司联合，开辟空中旅行线路，例如欧洲游等，类似于这样的产品应该还能设计许多，"出国留学""出国旅游"和"出国移民"将会是以后的主要消费方式，这给旅行社带来很大的商机。所有的成功案例都表明，在激烈的竞争中，谁能想出新意，谁就能脱颖而出快速占领市场。

我国旅客基数庞大，十几亿的储备量，这很符合消费众筹的"走量"优势，目前飞机的打折优惠又很多，想要包机出行完全可行，如果提出可行的方案，相信航空公司也会乐意合作。"旅客包机"会变成出行常态，这可能也会给航空公司带来海量业务。

消费众筹的思维，可以复制到多个行业，只要有庞大的消费群体，就可以尝试，产品好、内容全，做众筹成功的概率就会很大。

七、聊聊火锅店众筹

前文笔者举了个"众筹吃火锅"的例子，目的是想让读者更准确地了解和认识众筹。现在，市面上有很多做与火锅有关项目的，例如"众筹火锅店"，而且都是开的连锁店，地区分布在全国各地，数量有几十家甚至上百家，异常火爆。

这是一个好事情，从市场和社会角度来看，创意萌生了新事物，不仅推进了餐饮业发展，而且也发挥了正向作用。火锅店属于"小而美"的项目，一个店资金成本不大，100万元左右就可以做起来，每天也会有相应的现金流，可以维持运转。生意好不好，顾客说了算。火锅店要想客流不断，火锅的味道得好，要么好吃、要么有创意、要么服务好，海底捞就是主打服务的最好例子。以上内容是做火锅店的"金字招牌"，这个不能倒，要不然会很麻烦。

　　"小而美"的众筹要么产品好，要么创意好，现在的项目做内容已经演变成了市场规律，我们都要遵守。要想在全国开连锁店，得先解决投资人的问题，即有多少投资人愿意在全国投资，资金如果不到位无法很快铺量销售。若投资人愿意出一部分钱，其他钱在各地招募股东，这得设计一套完善的股东管理机制，即这么多股东如何与项目相处、如何与其他股东相处等。假设一股1万元，筹100个股东，是股权代持还是股份公司、还是民间合伙等？这个要提前设计好。

　　股东怎么退出？怎么分红？多久分红？这几方面也是重点。"股权众筹"因为涉及公司股权和股东，所以项目责任会比较大些，特别是发起人义务也会较大，他要负责向其他股东交代，这其中"财务报表"和"财务管理"也是重点之一。在财务公开方面，最好的办法就是定期公布每天的财务数据，如果条件允许可以借鉴餐饮行业的"每天必报"制度，把每天的营业额、成本开支、翻台率、利润等公布在股东群里。这实际上是一种信息披露制度，可以在各行各业里使用。如果要在全国范围内招股东，切忌违反"向社会不特定对象募股"的红线要求。

八、微课堂众筹

　　笔者当地有一个企业家读书会，是很有特点的学习性组织，读书会每月推荐一本书，每月的23号举办大型线下读书沙龙活动，届时会邀请书的作者或重量嘉宾现场分享和解读。读书会还会临时性地发起"邀请作者微课开讲"的活动，微课讲座也是企业家读书会的一个特色活动，是专门为会员书友开辟的线上分享平台，每个书友都可以在这里展示自己的阅读体验和实战经历。

邀请作者在微课堂开讲，采取了"尊重知识，为知识付费"的形式，拟准备为课堂筹2000元的智慧红包，红包成功筹齐，微课堂即在群内举行，这跟淘宝、京东的"线上众筹"原理基本一致。

在线下的日常生活中也有很多的类似活动，例如给灾区捐赠衣物、书籍，给重疾病人筹集医疗费等，这种多是以献爱心做公益进行界定，没有什么好的概念称呼。现在有了众筹后，可以很恰当地把它称为"公益众筹"。拿"微课堂"来讲，我们可以把它称为"众筹开微课"，它的众筹类型可以归纳为"消费性众筹"。

这种"消费性众筹"的规则是，投资人投资一定金额，获得的是一个小时的知识分享回报，有点像花钱听课的感觉，但这和传统的花钱听课有明显的区别，这是投资人"自己的课、自己的众筹"。投资人既是发起人也是听课人，"老师的课"是有共同需求"选定"的结果，有很明确的匹配性。

在读书会里，有几百个优秀企业家，基数很大，想要凑足2000元智慧红包，很容易做到。以此为延伸，如果这几百个企业家有共同需求，完全可以再众筹很多事情，例如"筹老师讲课、筹歌星唱歌、筹买车保险、筹私人购物、筹出国旅游"等项目，人数如果越多，就越容易打动商家进行大额让利。

做众筹的核心点是要找到"共同需求"。有人会问："这是不是有点像团购？"在道理方面有些相似，但是也有明显区别。众筹可以定制商品卖点，在选择商品方面，发起人有自主需求和自主选择权，这种需求可以是各个行业的产品或服务，也可以是各种私人定制，而不是"商家卖什么我们才能买什么"。在活动上发起人有充分的自主权，即想筹什么都可以，这一点很重要！

按照这种逻辑分析，慢慢地，会发现能筹出身边好多有趣的事情。回想起来，其实笔者参与做成了好几个公益众筹项目，一个是"希望书屋"，一个是"微课堂"，这都是采取线上和线下相结合的模式，很具有代表性，都跟"公益众筹"和"小而美"的项目有关，这些案例也具有可借鉴性。笔者相信只要在生活中耐心摸索，留心思考，肯定还会有很多优秀项目脱颖而出。

九、用众筹眼光看"抖音"

"抖音"现在很火，不管是年轻人还是大叔大婶，都是里边的主角，有全民普及的趋势。"抖音"属于一个新型的网络娱乐平台，提供软件和技术让有才华和爱好的朋友尽情展示，唱歌、跳舞、模仿、小品等文化形式都可以表现出来，以内容"好玩"、展现"好玩的人"为主是其核心特点。"抖音"受众群体多，也就是消费群体多，只要下载APP，不分肤色人种、国家地区，都可以上传视频互动展示。

它的这种模式，让我想起了"厉害了，我的国"栏目，两者都是通过设置平台，设计好玩内容，调动大家的积极性，最后把大家作品汇聚在一起，然后完成平台的建设。这跟众筹中，利用众人的力量完成一个项目不谋而合。可见，众筹的玩法在市面上早不是新鲜事物，早已经在某些商业模式中出现过，只是我们没有总结出来而已。

"抖音"对顾客没有利益需求，没有筹大家钱，也没有筹股东，反倒做得很好，为什么？

单从圈粉角度来讲，如果里边有好玩的内容，很容易做成，这也是平台众筹可以做成的原因之一。但这里边离不开资本的支持，"抖音"在前期如没有资本的进入就做不成全国性质的平台。实际上这些网络平台都抓住了消费者的心理，一个是爱国心，一个是表现欲，最后给点赞和转发，让普通老百姓都有当明星的可能，这种平民明星现在被称为"网红"。其他类似的案例还有喜马拉雅等网络平台，都是集合大家的力量完成平台的建设，卖点是"知识"，让"知识"快速在平台变现，让"知识的传播者"体现价值等。

十、金银珠宝众筹思路

市面上有人提到了珠宝店众筹，即找200个人，每人50万，筹一个亿，然后开个珠宝店，股东可以拿到低于市场价5折6折的优惠，又可以带来客户，股东和客户都能得到看得见的实惠，这种方案如果能做成的话，也会颠覆现在的珠宝行业，毕竟珠宝行业里边的"水很深"，价格不固定，特别是玉石方面，价值更是无法测量。

"黄金"有固定的价格，国家执行的是市场价，即便是原石的价格也基本公开，所以产品一有定价，投资人也就会知道自己的投资获得的回报是否属实，这个很好定位。如果是"翡翠玉石"类的将怎么定价？这些价格市场没有统一价，俗话说"黄金有价玉无价"，说的就是玉身上不仅有价值更有文化，玉洁冰清、佳人美玉等往往都是以玉为载体形容人美物好的佳话，里边凝聚了中华民族的优良情怀和传统，所以玉的价格没法衡量，只有"知道的人才知道，懂的人才会懂"，这不单单是用金钱所能表达准确的形态。

那么如果用"美玉翡翠"作为产品来众筹是否难度更大？我觉得首先得先解决去哪找"投资人"的事情。

这些投资人应当去已有的客户资源里找，谁有购买过玉石的经历谁就最有潜力做股东。这些人对玉石熟悉，或者说有些人也比较懂玉，玉的成色和价格他们基本心中有数，你的产品好与不好、价值如何，他们基本也能看得出来，这些人即是消费者也是潜在的股东。

所以玉石的众筹，是应当牢牢锁定在已有"消费者"范围内，这个思路不能变，如果去找没有消费玉石经验的人将很容易失败，因为对产品不认识不了解的投资人，是不愿意成为消费者的，这跟投资、消费、传播三位一体的众筹特点不相符合，可能会导致项目搁置。

下面再来说一下产品方面的思路：

"宝玉无价，黄金有价"，这是市面上的谚语。金和玉都是富贵的象征，如果把两者结合起来更是珠联璧合，例如"金镶玉"。金镶玉带有很明显的艺术特征，具体是谁发明的无从考证，但从产品角度来看，这也是一个创新，以往金和玉都属于单卖品，现在把玉做成造型，用黄金来进行点缀，把玉的晶莹滴透和黄金的雍容华贵结合起来，戴在身上给人以超凡脱俗，大气高贵的感觉。

目前金镶玉里的金子还不是市面上的999黄金，而是18k金，因为只有18k金材质才柔软，才能镶嵌在玉上，才可以作为工艺品原料使用。而玉自始无价，比较难估出价格，很大一部分取决于出价人的眼光和智慧。这时候问题就来了，黄金是18k的不值钱，而玉又无法估价，那么这个产品就无法定价，这个项目能否做？能否吸引投资人？

记得前几年，一只藏獒被炒出了上千万的价格，其中有很大泡沫，但最大原因也是沾了文化的光。相传藏獒在成吉思汗时期被誉为战争神器，部队出兵打仗时也被作为兵器使用，藏獒又是牧民防狼的守护工具，带有守家卫士的功能。在这种文化背景下，藏獒经过包装、经过推广后就被炒出了天价。

拿"金镶玉"和"藏獒"相比本有不妥，毕竟二者不在一个种类上，但从文化角度来讲，前者的功能和传承更具价值，黄金和美玉历来都是皇室贵族佩戴和御用的神器，在民间，人们也用该饰品来映衬自己的富贵，更是用玉和金来比喻某人的与众不同。所以，从推广和宣传角度来讲，金镶玉更具可行性，人们都习惯于单品购买黄金和美玉，但如果能把黄金和美玉相结合后做成工艺品，具有美感，把富贵和高贵合二为一，该产品就一定能做出爆点。

金镶玉的产品一定要注意用料足，唯有足金足料才能体现出产品力，才能被懂玉的朋友所看中，这就需要开发者在做产品时要下足功夫。在制作该类产品的时候，切忌偷工减料，切忌暴利，黄金为什么能经久不衰，是因为该价格和货币绑定，属于硬通货，不会有大起大落一文不值的时候，所以人们才会持续购买，以备不时之需。

"造型美观和有创意"也是核心之一，饰品本身的功能就是能让人增光添彩，让饰品好看照人。所以这对设计师的要求非常高，如能做出唐诗国画的韵味，必能吸睛圈粉，体现出极好的市场活力。

以上都是从产品角度方面提出的建议，毕竟众筹项目的核心是产品，手里有了好的产品后才能有好的前景，另外在产品宣传和文化植入方面，也应当做好长期的工作。

十一、众筹公益基金

笔者曾见过一个项目，某地计划众筹一个公益基金，为文联众筹一个亿的基金，每个企业家捐 30 万元，回报是可以听 100 个文学家讲 100 次课程。拿培训行业为例，市面上普通的商业培训公司一次课便宜的要几千元，贵一点的要几十万元，这样对比起来这个项目做到了"节省成本购买高品质产品"。

基金的功能属性之一是投资工具，也是发展工具，即"把钱委托给专业的管理人进行管理，然后获得投资回报"。公益基金本身不具有营利性，所以在融资风险上会小很多。如果是政府基于政策或者文件而发起或参与的项目，就更多了一重信任的保障，操作起来会更容易。这会让投资人放心，管理人放心，参与人更会放心。

公益基金涉及面会很多，因为有政策方面的支持，想要和其他机关发起活动十分便利，这也能很快引起企业家的关注。拿作培训来讲，如果以某某基金会的名义来邀请国内外知名人士来讲学，含金量和知名度更高，如果以基金会的名义来发起融资也比商业融资好很多。这主要来看基金会具体做什么事情，要结合基金行业和民政行业的人士，以及他们的诉求来具体掌握。

十二、公益众筹和"小而美"项目

最容易做的众筹项目有两类：一类是公益众筹项目，一类是"小而美"的项目。自由女神像、寺庙道院、养老社保、火锅套餐，这四个都是代表性的案例，前三个是公益众筹，后一个是"小而美"的项目。

"公益众筹"为什么很容易做成，笔者归纳为以下几点：

（1）有善。人们之所以会伸出援助之手，原因在于人们内心的善念，善念属于宗教，也属于道德范畴，更属于人的自然天性。"人之初、性本善"，人生下来天生就是善良的，所以人们会自然不自然地同情弱者，愿意帮助有困难的人，当出现国家危难的时候，人们自然会当仁不让、拔刀相助，这是人的天性和本性需要。

（2）发起人和投资人之间没有利益关系。当人与人互不相识，双方之间存在利益关系的时候，简单的事情就会变得复杂，虽然嘴上不说，但是在内心都有利益方面的考虑。这样，会让两人之间产生距离，如果有距离了，那么做事情自然不会顺畅，而发起人在做项目的时候，都想尽快找到投资人融到钱做事情，时间尽量越短越好，但一有距离必然就不会那么快。寺庙道院的捐助为什么那么好筹，是因为捐助人与"佛祖"之间没有距离，捐助人反倒希望"佛祖"离自己越近越好，最好是能一下扑到"佛祖"的怀抱里。在这种情况下，他自然就会毫不犹豫往功德箱里捐钱，实际上也是在为自己的"好运投资"。

（3）不求商业回报。自由女神像的案例是"爱国"的体现，是本真的民族大义，不是商业索取。当人们要为国家做事情的时候，多体现的是家国情怀，有没有回报已无所谓，自己的爱心被自己、被他人认可就好，所以没有商业回报的捐助最容易在公益里实现。

"小而美"的项目能做成的原因如下：

（1）项目接地气。吃火锅就在我们身边，人人都熟知，大家都知道项目是什么内容，能给我们带来什么，特别是回报和成功率，这里的预判性比较强，所以人们愿意做、愿意投资。

（2）股东少。十来个人很好找，项目接地气并被熟人熟知，在身边找十来个人是特别容易的事情，比起找200个人要容易得多。

（3）周期短。吃个火锅也就2个小时左右的时间，吃完后可视为该项目就结束了，时间成本低、易结算。

（4）财务成本低。小项目融资成本低，资金回笼也快，不用长时间等待，项目容易推进。

（5）结构简单。小项目结构应该很简单，没有那么多的生产、交易、表决等流程，可控性较强，所以做起来也比较快。

第二节　线下众筹为什么没有持续"火"的原因

一、四个基本原因

对于有一定投资经验和积累的大众人群（职业投资人除外），从投资安全性方面来讲，他们往往都会选择一些风险低、收益稳定、比较省事的资产和项目，例如股票、基金、保险等投资理财产品。这类投资活动属于"静态投资"，很少会有人与你一起同舟共济、涉足一些风险比较大的行业，也很少有人会和你一起去"动态创业"。

众筹有一定风险，从某些方面来讲，也具有风险投资的性质。众筹要求有一群想做事的发起人，所以在选发起人的时候，就会遇到困难，前边说过了"有积累"的投资人，他们不会与你一起刻苦钻研、身体力行，即便要出力也是出顺手的力，所以你找几个股东不难，但想要找一大批"出顺手力"的人比较困难，这是难点之一。

相反，股东越少的项目越容易凑齐人，这也是"小而美"项目能做众筹的重要原因之一。

有想法的人太少、社会配套规定不齐备、项目难找、项目运行难管理等也是众筹难做的原因之二。

中国人做生意跟风形式较为严重，好多都是一阵风刮过后就销声匿迹。而众筹从本质上来讲，是原创项目的配套融资或商业工具，需要持之以恒的研究和坚持，所以当下就造成了创业创新与习惯之间激烈的冲突。而习惯只能一步步被改变和养成，这需要一个日积月累的过程，它不可能会在短期内马上见效，这也是众筹不能快速崛起，不能快速普及的第三个原因。

众筹有个特征是找股东，让股东的人数多起来，比如说是50个人、200个人，先通过"铺量"，然后汇集众人力量完成一个人的梦想，这是一个基本逻辑。

在找股东方面，基数大的好处是每个人出点力，就能达到融资目的，例如在出资方面，有 200 个人，一个人出 50 万元，就是一个亿。这样听起来非常大的融资额似乎并不难完成，但我们应该清醒地认识到，众筹是在做项目，不是在做"加减乘除法"。

真的能很快找到 200 个股东吗？

想要很快找到 200 个股东，在传统模式里几乎很难做到，首先是找这 200 个人就十分困难，然后再说服这 200 个人和你一块合伙做生意，这成功概率几乎是微乎其微。如按照众筹的逻辑来看，似乎可以很快做到，但并不是所有的模式都可以，这得看产品和模式情况来定。例如有好的产品，又有一定量的顾客，顾客离不开产品，产品又能绑定顾客，在这种模式下做一定规模的众筹似乎可行。这比较适合小额的众筹，例如一股 1 万元、一股 2 万元、一股 10 万元以下的众筹，这个叫消费众筹。在线上众筹的案例中，大多都是采用这种形式。所以，如果想要找到很多股东支持你，你手里必须要有很好的产品，而这些产品能吸引消费者买单的主要原因就是必须得有创新和创意。据笔者了解，目前的企业有很多都在走老路，没有什么有竞争力的产品，这种情况在三四线城市尤为突出，所以就很难找到人来投资，这也是众筹不好做的第四个原因。

需要说明的是，如果你有好的产品，也吸引到了投资，而你做的是消费众筹，在消费众筹里如有分股权情况时，最好给股东配置"等额返卡"，这样股东就相当于有了保底置换，又提前认知了风险，这样做成的机会就会大些。

总结起来，线下众筹难以持续推进的四个基本原因是：①能出力的人不好找；②有想法的人太少；③创新习惯还未养成；④好产品好项目太少。

二、股权众筹难度大

众筹分为公益众筹、产品众筹、债权众筹和股权众筹，虽然市面上的叫法各异，但基本上都离不开这四个类型。

相比而言，里边难度最小的是公益众筹，这里说的"难度小"，是相比以上四个类型而言。"1898 咖啡馆"是公益众筹或者是"公益+股权众筹的典型代表"，其次还有"厉害了，我的国"栏目。"众筹开火车"，是产品众筹或消费众筹，"预售+锁定客户"是最主要特征。"债权众筹"，也叫"收益权众筹"，大概在2014年的时候，万达公司搞过收益权众筹，通过"快钱"网站募了几个亿，它是以万达项目的物业收益作为回报，并设计了退出和回购机制。"股权众筹"，出让的是股权，但不是单一的股权转让，他的核心功能是把投资者、消费者和传播者合三为一，笔者认为是技术和实操难度最大的一个。

有人通过股权众筹做过很多案例，都是全国范围内的项目，其中汽车业和美容业居多。这两个行业也算是当下最火的行业，都能够通过"走量"进行销售，所以吸引很多加盟方，迅速占领市场，锁定客户。

"股权众筹"是很好的一种方式，可以绑定较多投资人，但它也有一些先天的弱势，比如"股东多、难管理"就是硬伤，股东在法律上的身份人人平等，都享有对公司应有的权利，只不过各自的表决权不等罢了，但不能否认小股东的权利。从法律规定来讲，常态下，拥有10%股份的股东就有解散公司的权利，此时大股东即使再厉害，事情如果处理不好，也有被动的时候，这种僵局不单单可能会出现在众筹项目中，市面上的很多公司都会出现类似的情况。

从公司管理方面来讲，最难的就是对人的管理，股东多实际上就是人多，股东如果难管理，本质问题是利益和人性方面的冲突，这是个大课题，得需要时间和多方面综合起来才能解决。

为什么说"小而美"的项目做众筹好做，是因为股东少，行动和表决基本都能保持一致，在利益方面也好梳理，所以不会出现大的僵局。在全国范围内做"股权众筹"，这里边的隐患很大，股东一旦入股，就相当于成了一家人，有发言权和决定权，都有点主人翁的意识，如果你有承诺，兑现不了，这时候可能会造成"家长"要换，很有可能这个项目也要支离破碎。特别是吸收资金多、股东多的项目，搞不好性质就会变，会走到"非法集资"的误区里。特别是一些漏洞百出的设计，有的好多都触犯了法律方面的原则性问题。

在目前政策和环境下,在融资活动中,如果出现纠纷,国家首先保护的是投资人的利益,这个原则一直没有变,企业家们对此要引起高度重视。

在风险解决方面,金融领域有很多的规则和规矩,例如股票和基金的开户、募集、销售、备案等流程,都有很好的操作指引,这些规则虽然不是万能的,但最起码可以降低相关风险。做项目时刻要有战战兢兢、如履薄冰的心态,建议每个众筹项目都要有一个法律意见书做参考依据,在做项目的前期不要盲目扩张,最好先低速启动再高速行驶,然后减速着陆,最后稳稳当当达到预期。

三、创新非常难

笔者看到报道说,到2020年后,我国要步入创新型国家行列,这是"厉害了,我的国"栏目里的定义。在该栏目里,报道了许多不为人知的发明和创造,例如港口吊机、海洋勘探船、大飞机、航天卫星、宇宙天眼等,看完后实在令人振奋,血脉偾张。

创新是民族的动力,也是社会进步的根源。

笔者个人认为,从民营企业角度来讲,真正的民族创新除了国家支持的创新外,主要还是民间的创新,也就是公司的创新。这个需要企业家来做,能帮助的首先是企业家自己。

创新需要智慧和勇气,而在我们以往学校的教育里多是按部就班教学,这也是笔者认为创新难的另一个原因。而众筹属于金融创新,需要一大批懂技术的专业人员,企业家本身是做项目的生意人,并不都懂这项技术,需要专业人员出具意见辅助。目前懂这项技术的人少之又少,这跟已经形成的传统生意习惯形成巨大的反差,所以在这方面的基础比较薄弱,再加上研发产品需要时间和勇气,进一步增加了创新的难度。

四、金融:离我们还很远?

"公司上市",经常在一些企业培训班课程里谈到,上市意味着公司有了新的资历,意味着企业家可以身价过亿,意味着公司发展又出现了一个大好良机。能戴着红围巾在证交所敲钟，是很多企业家们梦寐以求的事情。

"公司上市"听起来非常高大上，实践做起来时也不是特别容易，类似于这个时髦称谓的还有"家族信托、基金保险、证券投资"等金融业务，还包括"众筹融资"。究竟是什么原因让这些听起来很好的金融业务，做起来却那么难？

先看一下各位企业家们都应遵从的《公司法》，从1993年颁布后到现在，才20多年时间。这也意味着，公司制度在我国大面积普及的时间还很短，而众筹融资是为公司服务的，在公司制度还不发达的情况下，表明众筹融资本身也很年轻。

众筹融资属于互联网金融，目前能对其进行有效保护的政策少之又少，特别是法律规定基本没有，而国家对上市、对基金已经有了指导性规范。这把众筹融资留给了民营企业家们，由民营企业家们自由探索。

要想让金融市场蓬勃发展，除了有国家的政策支持外，还得有一大批有才识、有专业的企业家出现，这可能需要几代人的努力，需要很长一段时间。"金融盛世"不是一朝一夕就能达到，它需要时间的不断积淀和打磨。

"安居乐业"是我国传统文化的一部分，而"亲近快乐，远离痛苦"是每个人的天性，建设金融创新和创造的氛围，需要一个长期的过程。相信已经有一批企业家们在大胆探索，但因为传统商业的习惯，敢于冲在创新第一线的人还很少，所以造成了公司接触的都是传统的金融业务，例如银行贷款和民间借贷等。但笔者相信，经过国家和社会的共同努力，局面会有大幅度的改善，金融离民间普及也会越来越近。

五、认为众筹已经过时了？

有的人认为众筹已经过时了，当下流行的是合伙人制度，也就是比较火的"股权设计和股权激励"。

笔者不这么认为，凡事得从它的功能上去看本质。众筹解决的是融资问题，股权激励也有融资的功能，但更多的是经营和发展问题，也就是合伙人之间的激励和长久制度，两者各自的功能不太一样。平台用众筹比较合适，但平台用激励就显得没有多大的意义，激励可以用到很多行业上，但众筹不一定适合每个公司和每个项目。

众筹也可以说是个商业模式，俗话说得好："既然存在即为合理"，目前有的企业家们创业步履维艰，很大一部分原因就是因为资金难，凭借自己的小公司很难获得大笔的银行贷款，所以给他的发展带来了先天性的障碍。众筹有融资的属性，如果项目合适，可以很快融到资和合伙人，所以它能够在一定程度上解决公司的资金难问题，笔者看到现在线上众筹搞得就非常好，好产品可以很快卖出去而拿到第一桶金。

企业家们往往深深知道自己的短板，现在的企业还大多没有积极性或者想象力，但这不代表在不远的将来不会有很多好的产品和创意出现。所以在当前大创新的环境下，任何一个模式都不过时，因为多元化市场需要多元化的模式配套。众筹融资作为一种新兴的商业融资模式，可以补充我国的多元化资本市场体系，发挥一定的促进作用，并将作为一种商业工具长期存在下去。

六、众筹还要再等多少年？

笔者曾经面向产业园区的50多家企业做了一次专题讲座，课题是《民间借贷与企业融资》，问到大家知不知道众筹时，在场没有一个企业家回答知道。

以前笔者说过众筹可以称为"新五板"，与"新三板"遥相呼应，是国内资本市场重要的补充机制，但因为是民间成分，所以没有"新三板"知名度那么高，又没有大量的成功案例，这也是好多企业家不知道众筹的缘故。

笔者前不久和律师界的朋友交流，朋友说"新三板"这股风似乎已经刮过去了，没有多少企业有意愿了，笔者认为不然。

目前很多企业正在进行战略转型，以后有很多政策都会围绕实体企业开展，也会有好多的金融政策出台，上市融资当然不用说，特别是当创业者们越来越多后，经济结构会发生大的升级，会有很多做内容的实体项目出现，而在传统企业升级换代的时候，众筹融资就会发挥一些有益的作用，在一些"小而美"的项目上将会尤为明显。所以众筹融资的普及要紧扣着实体企业来进行，要视实体企业的数量、实体创业的市场占有率、国家的大政方针等因素而定。相信未来，金融市场将会有大的进展和变化。

国内市场现在有"信任危机"的问题，国家也正在努力建构信用体系，等信用体系建设完成后，公司不论在经营还是在融资方面，都会有更加公平的发展待遇，企业家们做项目的时候也能很快认识投资人和融资方，这对融资行业的发展是个大好消息，基本可以打消企业家"互不信任、不诚信"的心头顾虑。在这个市场转型变革时期，创新的大项目做不成，企业家可以做小项目，商业项目做不成，企业家可以做公益，"节目众筹、咖啡馆众筹、酒店众筹、美容培训众筹"都是很好的例子。

第三节　解决做众筹失败的十个"药方"

在上一个章节中，笔者分析了众筹为什么难做以及为什么没有"火"起来的原因，其实在众筹刚刚兴起的时候，地方上有好多企业家都在尝试着做众筹，其中以线下的咖啡馆居多，但很多都以失败告终。究其原因，是因为没有设定好商业规则，要么是犯了一些创业初期的毛病，要么是没有经营和管理经验，比如没有想明白项目定位、没有筹够项目的钱、没有中层执行团队等。这类项目主要是以情怀为基础，发起人在发起项目时，没有考虑那么多商业上的事情，往往头脑一热后就叫了一些好朋友开始做事，所以仅有情怀的商业往往都不会那么牢固。众筹项目做起来后，其实和传统的商业没有本质的区分，一些具体规则还要遵守，故本节的"十大药方"也适合其他项目。本节有些内容是笔者自己在思考和实操中总结的，有些是在"线下众筹"即《中国式众筹》一书中的一些逻辑和做法

第五章 众筹现状的深度剖析

基础上引用总结的，以图给读者有个引领，希望在做线下项目的时候尽量节省成本，少走弯路。

一、药方一：不忘朋友圈

"1898咖啡馆"是线下众筹中的经典案例，为什么这么多人对它感兴趣，除了这个项目做成功了以外，它还有许多创新的因素。在市场上，凡是新鲜事物都会受到别人的关注，从线下众筹的逻辑和技术操作角度来讲，笔者感觉它实际上也是一种解决方案，这种解决方案也是在研究完传统商业模式的失败案例之后总结出的一些精华。

以往线上信息不对称，现在项目从线上搬到线下，在朋友圈众筹。

"线上众筹"要求必须在线上进行，公开通过互联网渠道融资。这种融资模式的短板在于融资方和投资方互不认识，资产和资信更不可知，除了一些瞩目的"公益众筹"和好的"产品类众筹"外，基本很难让投资方快速投资，特别是"股权众筹"的项目，由于牵涉到公司运营和管理、股东们之间的切身利益，实操中有很大难度。"线下众筹"为什么要提倡在朋友圈众筹，因为朋友圈基本上都是熟人，解决了资产、资信不对称的短板，朋友们随便一打听可能就会知道融资方的情况，同时也能打听到投资方怎么样，也更能知道项目是什么情况。在这种环境下，双方互相了解的程度会比在"线上众筹"更深些。朋友圈打听还有一个功能就是可以为信任背书，不是朋友圈的所有朋友都会成为股东，只有经过选定朋友推荐的朋友才可以，更何况还有一个股东的甄选机制，这样信息的透明度比线上会更大些。朋友圈寻找合伙人时，不能以保本高息等作为诱饵，通过"口口相传"的方式让社会上其他不确定对象来盲目跟投，这是国家法律对融资方面的专项限制要求。

二、药方二：新合伙经济

以往顾客没有参与感，现在消费者、合伙人、传播者"三位一体",笔者把它叫作"新合伙经济"。

现在先来搞清楚一个概念,众筹融资的本质是什么?众筹融资的本质还是在合伙做生意,这个特征在"股权众筹"里非常典型,把消费者变成股东后,实际上就是多增加了几个合伙人,然后利用各合伙人的力量一起做成一件事情。

在以往的商业模式中,只做点对点的销售,比如顾客吃碗面以后付款走人,店家很难和顾客继续互动和绑定。现在把顾客作为股东,一起做这个店,顾客的身份发生了转变后,顾客和店家的黏合度就更紧密。从销售角度来讲,店家也提前锁定了一部分消费者,并预售了3万元的面。顾客成为股东后,面好,肯定会向外宣传,成为传播者,传统面店的"面"如果好了可能会点个赞或是回头再来吃,顾客不会那么上心给你拉广告,但升级为"三位一体"后,不仅可以填充创业资金,也能融消费者和广告者这两个功能于一身,让商业更具活力和吸引力。

其实"三位一体"用法律的眼光来看,就是找人合伙做生意,这在《民法总则》和《合伙企业法》等法律里都有规定。传统的合伙模式是找到合伙人后,合伙人各自拿出钱来出资,然后交给一两个干活的人来具体经营,其他合伙人就各忙各的,到年底的时候查账分红即可,这是我们当下最多的一种经济模式。在众筹的合伙模式里,合伙人不仅出钱,还要出一些顺手的力,通过"众力"来做成一件事情。不管是从传统合伙还是众筹合伙来讲,它的本质都没有变,都是在合伙做生意,众筹寻找合伙人还有一个大的变化,就是把消费者也变为了自己的合伙人,有的是把上下游也变成了合伙人,赋予他们投资和传播的功能。这些是对传统合伙模式的改良和创新,都是围绕着怎么合伙和怎么最大限度发挥合伙人的力量来做事情,所以笔者称它为"新合伙经济"。

三、药方三:一次性筹够钱

以往筹钱不够导致创业失败,现在要求一次性筹到足够多的钱。

创业失败的原因很多是因为没有筹到足够的资金，一般情况下项目在刚开始的时候只筹了个开业资金，然后融资方寄希望于通过项目盈利来补充现金运转，这样设计后，风险基本就全押在项目能够正常运转上了。在这种情况下，如果项目盈利没有达到预期，那么这时候你再找股东，让股东再出钱就很困难了。"线下众筹"就是看到了这个短板，所以要求一次性把钱筹到位，这个钱最好足够运转几年，能保证项目顺畅进行。从运营上来讲，这样设计实际上也是在分散风险，钱到位了基本上做事情就会有底气，合伙人们创业失败的概率就会相对减少。一次性筹足够多的钱，最适合于平台交友众筹，在平台交友众筹里，大家来这里的主要目的可能并不是为了从平台盈利，所以对项目的预期并不是很高，只要在这里找到合适的资源就可以了。"1898 咖啡馆"敢承诺"3 年不倒闭"，就是一次性筹够了 3 年的钱才会这么有底气地向股东做回报机制。

四、药方四：不要乱要钱

以往融资谁的钱都要，现在给股东设计门槛，即给钱不要，必须符合条件的才能做股东。

拿失败的担保公司为例，失败的很大一部分原因就是没有区分人群，不管是谁，只要给钱就敢要，连大爷大妈的养老钱都要。这些人群在马斯洛原理里边属于生存期的人群，假如没有了这笔钱自己的生活安全就会受到威胁，如果项目失败后这些人会第一时间找你要钱。所以投资人的生存问题是"头等大事"，不管是哪一个项目都不能忽略这个因素。"线下众筹"提倡股东最好是中产阶级人群，这些人在马斯洛原理里边属于成长期的人群，已经摆脱了生存期，基本衣食无忧。在人生规划方面，需要更大的发展。所以，即便是创业失败了，他们也不会卷着铺盖到你家要钱。另外，这些人往往都是有一定社会积累的人群，也受过良好的教育，有一定的风险识别和承担能力，能获得他们的投资说明你的项目也确实可行。

五、药方五：筹钱先筹人

以前只筹钱，现在只筹对的人，人对了什么都会对。

传统融资基本上是对钱的融资，投资人把钱交给项目后，基本上算是融资成功。"筹钱"有个主要短板，等融资方拿到钱后，投资方往往不参与具体的经营，从公司运营角度来讲，意味着风险都转移到了发起人的身上，投资人这时候都把眼光聚焦到发起人的身上，这时候发起人的压力会非常大。"线下众筹"设计的是"先筹人"，也就是寻找对的合伙人，发起人缺什么资源，就把拥有这些资源的人给变成合伙人，让这些合伙人和发起人一起做事情，这是线下众筹最大的不同，在选择合伙人方面优势非常明显。实操中筹人算是难一些，但这种方案在有些时候会显得非常有特点，比如，公益众筹等，需要很多有爱心的人，而人多就是优势，就能很好完成项目的心愿。

六、药方六：大钱办小事

以往喜欢以小博大，现在要求花大钱办小事。

在传统创业模式中，企业家大多都有"赌徒"的心理，这种心理表现在投资方面也非常明显。什么是赌徒心理？就是人们喜欢"以小博大"，希望用小资金咸鱼翻身、一跃龙门的内心期望。前不久和一位朋友聊天，他说自己投资只投能"翻几番"的项目，用投资的眼光来看，这种心理不太正常，"利润是耐心的等待，不是急切的扩张"。好多融资方只是筹了一部分资金，就寄希望于自己的项目一发百中，这是不现实的。

线下众筹倡导"花大钱办小事"，比如一个项目需要一个亿的资金，而这个项目本身也不大，但因为资金庞大，所以项目难度变得很大。假如让200个人每人出50万元，这个难度就会小很多，这也叫分散风险的解决方案。通过集大家的分散资金把一个项目办成，这里没有赌博的心理，而是集中火力使条件具备，也是众筹活动的优势体现。

七、药方七：同股要同权

以往一股独大，现在"同股同权"。

公司里容易出现僵局的就是股东之间的表决和行动机制，一是没有一套科学合理的机制，二是虽然有了机制但是执行起来比较困难，例如股东的议事规则，这需要股东的表决和股权作为基础，现实生活中，股东的期望都不一样，会出现"众口难调"的局面。实务中，公司里往往都是大股东说了算，完全"看资"办事，谁的钱多听谁的，在有些情况下，这会损害到公司和其他小股东的权益。线下众筹要求的"同股同权"，让每个股东股份均等，这主要是为了让股东之间、股东和公司之间进行平衡，也是为了避免新进的股东和其他股东的矛盾，所以有必要把股份和表决权都做下分配。"同股同权"意味着每个股东的股份和表决权平等，这会带来地位的互相平等，然后再运用法律技术，把表决权授权给核心发起人行使即可。这种配置的好处是不会改变原有项目公司的格局，也利于融资方和新进股东的相处，这也是众筹中股权架构的一些考虑。

八、药方八：补缺用长板

以往是"补短板"，现在是"用长板"。

"短板理论"大概的意思是：提倡通过学习和再提高来弥补自己的技能空缺，在这种情况下，如果遇到不足时亲力亲为，再去学习知识和技术，必然会耗掉大量精力，这样进步的周期比较慢，会造成项目被动。

"长板理论"提倡利用他人的优势来弥补自己的劣势，这样能很快把缺的东西补进来，加快项目进度。

"长板理论"实践中应用最多的就是把上下游变成自己股东、把所缺的资源变成自己的资源，打造圈子经济，这样就形成了众筹性质的项目局面，集大家的力量来做事。在股权激励的特征中，也能看到"补长板"的影子。

众筹的难度除了有技术上的以外，实际上本质的难度还是创业的难度，创业难难在三点上：一是原创难；二是找人难；三是找钱难。

（1）原创是很辛苦的事情，需要人们大脑智力的不断创造，想复制一件事很容易，而想创造一件事却很难。

（2）找人难，找到符合要求的股东很难，找寻志同道合的股东也很难，然后说服股东认可你的项目会更难。

（3）找钱难，都说银行"嫌贫爱富"，在这种情况下中小企业想要获得贷款十分困难，所以就只能寄希望于民间融资，寻找达标的合伙人，合伙人最好是中产阶级，这在前期需要大量的铺垫。

"短板"和"长板"都有自己的优势，但不论是哪个"板"，能为我所用的"板"就是最合适的"板"，创业者应发挥自己的优势，具体到项目中，可以两者兼顾，也可以选择一个重点。

九、药方九：重内部合作

以往注重外部交易，现在注重内部合作。

以前公司缺少资源时，公司的股东们就会各司其职去外边办事，比如需要办公用品时就去商店买、需要市场广告时就去广告公司订制等，这种特点是交易对外，内部没有发生变化。现在是如果缺什么样的资源，就把拥有这些资源的人拉进来，这样就不用跑到外部去采购了，会产生内部的合作。

"内部合作"还有一个层面，除了项目本身，股东们如果都是各路精英，那么这些股东之间相当于建立了一个良性生态圈，他们之间也可以产生出新的合作。"内部合作"会产生新的项目或新的机制，股东的股权和出资会成为不容忽视的下一个重点，或者说会产生下一个商业风口，以后社会的交易习惯和资本结构也会发生一些变化。

十、药方十：合伙人功能

合伙人功能是破解众筹风险的良药。

在融资行为中，好多人都怕触碰到非法集资的红线，在众筹中也是如此。不仅发起人,还有投资人都会想要规避非法集资,为什么会产生如此心理,这中间的原因有很多,投资人没有"风险识别能力和承担能力"是其中之一,再有就是有些不法分子通过违法手段造成投资人受损的前车之鉴。

在融资方面,国家优先保护投资人的利益,这不仅是法律规定,同时也是关系国计民生、社会安定的大事情。所以在有些案例中,融资方看似没有特别严重的犯罪故意,但只要使投资人大面积受损,都会被定性为"集资犯罪",这是市场行情,也是基本现状,值得众筹投融资双方重视。

众筹融资不是单纯的融资,主要是看中人的"出力",实际上也是项目对合伙人的工作要求,能体现出合伙人的参与功能。在项目中,"出力"和"出钱"是两码事。

集资犯罪是在"出钱"上出的事,但没有哪个集资犯罪是因为"出力不到位"或"没有出力"而受到法办。如果我们着重于对合伙人"出力"的强调,那么从该角度来看,就是传统意义上的合伙开公司、做生意,与现在的公司没有本质区别,只是股东人数多了而已,或许几十个人或许 200 个人以下,通过股权代持,用法人出资做股东的形式,可以规避掉股东人数多表决难的短板。

在项目中出力,首先要对合伙人"出力"的要求进行细化,在"招收合伙人"声明里边强调、在线下论证会上强调、在股东协议里边强调,都可以作为"正本清源"的证明,也可以作为项目公司后续运作的依据。其次对合伙人需要出什么力进行细化,例如缺什么人才、要求合伙人应当提供工作的内容,写在股东声明或者合伙声明里,把钱放到最后,这样就符合生意经里"风险共担、利益共享"的法律原理,也有底气面对各种质疑。

"把力放前头",着重强调和规范合伙人的参与,"把钱放后头",合法合规拿到投资人的投资,这听起来和操作起来或许有些难度,但在集资阴影还未散去的大环境下,在众筹融资还未被国家专章规定前,或许这是一个可以着重研究和尝试的思路。

第六章 平台众筹操作简介

第一节 平台众筹需重视的几个点

一、平台众筹可行的原因

有一次,笔者听到业界人士进行分享,说他在全国各地大概40多个城市进行了众筹探索和交流,最后得出的结论是平台十分适合众筹,其他项目是否适合看情况决定。

平台为什么很适合众筹?究其原因是因为参与人之间没有直接的利益关系,各股东之间都是互助互惠的合作关系,因为没有利益方面的冲突,所以大家在做事的时候都不会有避人之心,没有那么多负担。其实说到底,是因为平台没有财务回报承诺,股东也不图有财务回报,平台多半是提供机会让大家认识,或者是各自在平台上发挥自己的优势展示自己,股东并不指望平台能给他多大的盈利回报,这和投资做生意有非常大的区别。

而在其他类型的众筹里,做不成或者有隐患的原因就是有财务回报承诺,例如"股权众筹"等,因为"股权"对应"股利",股权又对应"话语权",所以在公司实际运营和管理时,会遇到非常大的难度,这是很多项目做不成的一些原因。

如拿财务回报做机制的话,出资人非常不好找,在以利益回报为承诺的情况下,出资人往往都会用商业思维来考虑这个生意是否能做,出资人也都会算自己的账,例如投资5万元会不会回本?会不会亏损？这种心态，会限制投资人的积极性，这也是股权众筹不好做的最大心理敌人。

如果在没有利益回报的情况下，出资人的自发性和积极性都会很强，例如"公益众筹"。而平台众筹，里边可能都会承载许多公益的内容，设立之初的发愿肯定有许多利他、利人的成分，所以能引起大家的共鸣，很容易会获得关注。

以上几点就是平台适合做众筹的原因。笔者个人觉得在当下大创新的时代背景下，平台众筹非常适合有人、有资源的项目进行尝试，它可以为项目留住顾客和人脉，但前提是发起人得有很强的号召力、大家对发起人有高度的认可度，而且平台里边也要有内容，能够让大家都参与进来，以保持平台长久的活力。在平台众筹的案例中，多是以书吧、咖啡馆、餐厅等形式出现，以后也可能会结合具体的实体项目而衍生出其他的商业载体。

二、你想做什么，能带来什么？

从功能上来讲，"1898 咖啡馆"是筹平台，是北大校园孵化出的交友平台。平台在各行各业可能都会有，如果平台和实体的项目结合会是很好的一种尝试，那么按照这种众筹逻辑可以筹出很多平台。筹平台应该考虑以下几点：

（1）先想清楚作为发起人，筹平台的初衷是什么，这个很重要，也可以叫你的梦想是什么。筹这个平台是给谁用的？能给平台里的人带来什么？这几个发问会直接决定你的众筹是否能落地，因为只有搞清楚了你想给大家带来什么，才能知道大家想不想要，才会知道大家会不会跟你在一起。这个发愿是源头，在操作前期要经过不止一遍的思考，包括自己思考，也包括和多人一起讨论思考。

（2）思索清楚以后，接下来要想清楚这个平台都有什么功能，或者说它里边的内容是什么？这个也是下一步设计众筹方案的依据，即众筹股东给你钱后，你拿什么产品给股东？例如在交友平台里，除了可以交友外，你还能提供什么给股东？比如送等额消费卡，消费的是什么，是有咖啡、简餐，还是有酒店住宿等，思考这个的时候要有明确的指向，最好是有能看得见的产品和服务，要让股东出钱后就能随时或马上兑现产品，怎么算都有不会赔的感受。

以上两点是做平台众筹的前提条件，也是发起众筹的核心要素。这里思考最多的应该是发起人，这个人是整个项目的灵魂，也是项目的牵头人，在实操中思考的时候肯定会有困惑，如果一个人想不明白，可以邀请核心的几个人来一起想，直到想出答案为止。

三、要考虑两个流水

"财务问题"是每个公司都要考虑的事情，所谓"兵马未动、粮草先行"，反应在商业中就是：在有了足够的资金支持后，做什么事情都会驾轻就熟、游刃有余。

和大多数公司一样，在做众筹的时候也要考虑项目的资金流水，也就是运作项目的资金从哪里来？如果不追求财务回报的话，仅做交友平台，一次性筹够3年的开支就够了，等到3年过后平台完成使命，平台是结束还是存续，可以由投资人或者召开股东大会再行协商确定。

但若追求财务回报，想要给投资人一定的利润，那么就应当考虑平台的资金从哪里来，也就是资金的流水，一般分对内和对外两种。

在对内方面，主要是平台内的会员，即该平台的会员进来消费时大概的盈利是多少。这就需要发起人归纳出平台的初衷和功能，找到定位，找到会员的消费需求，设计出相应的产品和服务，并通过沙龙、路演、文艺演出、讲座等活动来进行互动，还有就是考虑这些盈利能撑多久，能不能支撑起项目的其他开支。

在对外方面，主要是用什么办法吸引外围的人进来消费，即吸引社会顾客消费。内部会员可以用定量来确定。会员人数和会员的消费层次基本可以确定。但是外部人员是个变量，这个无法准确衡量，特别是在项目开始的时候，一切都是试运营，都在摸着石头过河，需要不断摸索和检验，找人做广告赞助、收取场地费、消费费用、听课费等可能是最主要的财务来源。

平台众筹需要一大批有风险承担能力的投资人来支持，这些人或许有情怀、或许有商业目的、或许有社交需求、或许有资源，在平台里边都能找到自己的所求，共同完成平台众筹的搭建。假如这个平台众筹成功后，像"1898咖啡馆"的模式，可以在全国复制。从商业和社会贡献角度来讲，都会是一次有意义的尝试。

四、想好战略设计

从行为上来讲，众筹可以分为"筹资"和"投资"两部分。基本主体是发起人和投资人，他们各自关注的点是不同的。发起人希望尽快融到资、筹到人，投资人希望自己能够看准项目看对人，而众筹项目是连接二者行为的桥梁。

不管是"线上融资"还是"线下融资"，投资人对项目的需求基本是相同的，就是项目必须得靠谱且值得投资。好的项目基本具备以下特点：

（1）创新且有价值。创新可以是创造新的项目，也可以是在原有项目上的改良，不管是哪一种，都是对旧事物的更新和推动。笔者认为好的项目，"必须得是有价值的创新，即能够实施并且能产生利润或产品，能够用数字评估作价的行为"，普通的点子或想法如不能实现以上要求自然就不算好的项目，或者还需要继续打磨。

（2）瞄准市场热点。热点是人们关注的话题，因为人们对它有兴趣和需求，所以才会成为人们关注的对象，热点还应该是人们能够想到的、看到的话题，须符合社会潮流。

（3）一切以客户需求进行设计。这里边有两种做法：一种是抓住现有客户需求进行量身开发，一种是设计客户需求，引导客户进行消费，这两种做法都是围绕客户需求的基本途径。平台众筹、消费众筹、股权众筹、公益众筹这四种类型，它们都是紧紧地抓住了客户需求，然后用不同的模式满足了客户需求。

（4）理想与现实相结合。创业者没有理想干不成事，没有理想也想不出事，我们不仅要仰望星空，更要低头看路，在创业中还要解决温饱问题，这是继续往下进行的基本保障。设计的项目也要接地气,不要离生活太远,这既是需求设计,也是现实设计,能满足当下需求是首先要考虑的问题。

(5)一定要有个优秀的执行团队,创业团队不能只创新不执行,不仅要动脑更要动手。锁定各个创业人的分工,最主要是谁来干,谁来执行,这是中流砥柱,也是项目能运转的核心机器,只要这个机器一直转着,项目就不会停滞,执行团队在项目的运行中发挥着非常重要的作用。市面上有很多项目,就是因为没有人来专职打理而造成项目中途搁置。

(6)有前瞻规划也要有风险评估,既规划前景,也要对项目前景可能会面临的政策、市场、需求的变化进行调整,同时也不要少了法律风险的评估。在法律领域,有个专业名词叫"违法成本",企业家们都会面临违约、项目失败的风险,这时候需要提前对该风险进行评估,例如项目能赚100万元,而违法成本只有5万元时,从盈利看完全可以继续运转,反之就要酌情调整。这里的"违法成本"指不违反国家法律、行政法规的强制性规定,在不损害社会、集体和他人的合法权益前提下所产生的合法经营行为。

五、平台众筹的标配元素

根据实操经验总结如下:①发起人有情怀;②几个核心发起人都有情怀;③发起人能照顾到各众筹股东的利益;④各众筹股东有一定的层次水平;⑤平台基础足够厚,有肥沃的土壤供各股东取其所需;⑥平台已经到了不得不搭建的时候;⑦搭平台对众筹股东来讲有共同的刚性需求;⑧各发起人对牵头发起人有足够的信任;⑨核心发起人能满足主要办事发起人的利益需求。

六、遵循三轮选人规则

在做生意时,好的合伙人可以让项目顺畅百倍,拿市场上的融资来讲,一个项目可能需要好几轮的融资,在选择合伙人方面也可能需要好多次的选择。假设选合伙人(融资)需要三轮的话,可以总结出以下规则(这个规则也同样适用于普通项目的合伙人选择):

（1）第一轮看情怀。第一轮的主要工作是由第一个发起人找其他几个发起人，因为在创业初期仅凭一个人的力量还远远不够，需要志同道合的人来协助。情怀此时可以叫"感情"，也可以叫"交情"，如有这样的人选，建议这份感情最起码应该在5到10年以上，甚至更长，时间越长彼此之间就会越信任和了解。中国人重感情，做事讲究情意，这么久的友情足以支持3万元出资额。另外在说服几个核心发起人方面，还得考虑他们对项目的利益需求，不能让其无利可图，因为现在做事情只谈感情而忽略利益也不现实。几个核心发起人还得有一定的经济实力，具备拿得起钱、也赔得起钱的能力，这是找他们出资的另外一个考虑因素。

（2）第二轮看利益。核心发起人如果找对了，意味着项目前期的启动资金已经到位，这时候就该找第二轮的出资人了。相比第一轮而言，这次的股东与发起人之间可能没有太深厚的感情基础这时候就需要用利益来谈判。拿"平台众筹"为例，第二轮的时候需要核心发起人主动听取他们的利益诉求，然后对应去满足，3万元对于企业家而言并不算多，如果能让他们看到商业价值，例如在内部交易方面，签上一单就能回本盈利，那么融到资的可能性就会很大。当然这里不能给利益承诺，如承诺盈利那风险会很大，平台众筹核心是筹资源、筹平台，能不能签上单要看股东的积极性和机遇，因此不能给太多的回报承诺。另外从法律层面来讲，禁止以利益承诺来变相吸引投资。

（3）第三轮看感召。在已经有第一、二轮融资铺垫的前提下，对于那些还在外围观望的人，就不必有那么多的担忧了，因为前边已经有人领投了，第三轮股东对项目也会有自己的认识。

以上三轮选人规则，在实操中十分奏效，也是其他传统公司可以通用的选合伙人的规则，相信很多基金投资类型、合伙类型的公司也多采取这种方法。在选择合伙人方面，应当在特定对象和特定范围内进行，超范围的选择可能会带来不必要的麻烦。

七、剖析众筹最基本的功能

众筹是技术，更是智慧，也是创新。从商业和法律两方面来看，众筹大体有融资、创业、升级功能。

"融资功能"，企业往往会陷入缺钱、缺项目资金的困境，好多时候往往都是先接项目再凑钱，所以等钱凑不上时，已经接的项目可能就会"黄单"。众筹是在筹大家的钱，这是项目的基本需求，量大是众筹的基本特点，比如产品众筹。

"创业功能"，也可以理解为寻找合伙人。前期，原始合伙人可能就是那么一二个，势单也力薄，所以需要找到更多的人来相互促成，于是筹人功能便应运而生。"线下众筹"讲究"既筹人也筹资源"，人只是个体，但人的价值和作用却能萌发出很多有益的事情，社交、家庭、技术、资产等都是可以带来利润的无形资源，这也是众筹所指的对象，筹集后共同发展。

"升级功能"，也可以叫创新功能，众筹可以叫传统商业模式升级换代，比如注入预售、量大的特点，能很快完成一个项目或活动。

第二节 平台众筹的步骤简介

一、怎么众筹呢？

简单点说，做众筹很简单，就是找一群志同道合、怀揣梦想的一批人来出钱、出力、出资源、出智商、出感情来共同完成一件事情。

复杂点说，众筹也十分难做，首先发起人要顶住压力，发起人发起一个众筹，要有"做成"或"做不成"的心理准备。众筹难点之一就是"找人"，因为归根结底是人投资。找人投资必须是闲钱，闲钱投进来，对项目的风险会比较少，切忌收"生计钱"和"养老钱"。"好的产品和创意"，既是众筹的难点，也是众筹的主要内容，这要求企业家重实体、重原创、重研发。众筹还要找到投资人的"共同利益或需求",这也是众筹能否成功的一个关键所在。在法律技术方面一定要找个专业的人做辅导。笔者将在下文中详细展开。

二、梳理模式架构

这是众筹融资的开端,也是技术难度最高的一部分,需要融资方围绕产品有个商业计划,如果没有产品不仅会造成项目失败不说,还有可能会引起非法集资类的法律纠纷。

另外融资方要对项目有清醒的认识,例如自己的"项目内容、项目定位",这是众筹架构的两块基石,只有这两块稳固了,才有可能设计出相应的众筹模式。

在设计商业模式时,还要征询律师或者会计师的意见,这三者相辅相成。在设计前期,要一同对项目进行可行性论证,律师的作用体现在尽职调查中,要结合商业模式的设计对项目进行合法、合理、可行性论证,否则,即使设计了模式但没有法律论证意见,很有可能会不切实际,导致无法实施或者违法成本太大,最后事与愿违。在新三板上市中,律师的尽职调查是第一关,好多企业就是没有符合相关法律规定而"胎死腹中",众筹融资也可以参照该程序使用。

当然,如果找个有经验的律师会更简便些。实践中应首选有十年以上执业年限、懂项目和金融的律师为宜,这如同懂众筹架构技术的专业人士一样,都是稀缺资源。

三、找准项目内容和定位

并不是所有的项目都适合众筹,也不是一用众筹就能解决所有的难题,例如金融类的项目就不太适合。金融类的业务本身风险就很难把控,金融市场走势又不可估量,而且多以虚拟形式出现,所以并不适合用众筹。

建议项目内容应以实体为主,做众筹前发起人手里得有一个好实体。例如有的酒店众筹就做得不错,因为有酒店存在,所以能够有产品让投资人看见,"预售+提前锁定股东"的模式可以叫酒店提前预订消费群体,在很大幅度内提升消费率。

所以,做众筹需要有个等价交易的基础,靠"空手套白狼"基本上是"死路一条"。

等项目内容确定后,基本上也解决了项目的定位。项目定位实际上解决了对股东如何回报的顾虑,笔者发现有的发起人担心吸引不了股东,有的根本不知道该如何吸引股东。还拿酒店众筹为例,定位于酒店消费后,客户群体应当是有酒店消费需求的人群,酒店也应当为这些人群的消费能力来量身设计价位。有消费能力的人,这些人一定有自己的圈子,他的圈子的消费能力也是酒店价位设计的基础。

酒店项目较小,从项目内部来看,结构比较简单,易于管理,在商业方面来讲,属于快消品和必需品。众筹非常适合这些"小而美"的项目,也比较有利于传统项目的转型升级使用。

四、进行法律架构

法律架构应当包括以下内容:一是前期的法律尽职调查;二是项目股权的法律架构;三是公司内部治理机制的架构,这三大块应该是众筹融资的基本框架,缺一不可。

"法律尽职调查"可以贯穿项目全始终,不单单是项目前期,在项目后期也有可能会涉及,尽职调查的内容有很多,主要是围绕投融资双方和项目概况进行的信息搜集和预测,这是律师很核心和重要的工作。例如投融资双方的基本情况、项目公司的基本情况、项目内容的基本情况等,通过以上情况资料的整理和审查后,为公司出具专业的法律分析意见和重要的参考依据。

"项目股权法律架构",这是众筹融资的核心区域,技术含量比较高,以前有人搞股权,都是非法律专业的,实际上最适合搞股权的是律师,因为股权多出现在法律规定里,而能解决股权纠纷的也多是律师,所以用律师做股权架构会更为专业,当然,专做股权的律师是首选。

"公司内部治理机制",就是大家熟悉的"三会一总",即股东会、董事会、监事会和总经理,这是每个公司都要具备的议事机构和执行机构。在新三板上市中,对这些机构要求的条件是"每个公司必须都要有,而且还得运行良好",但在实际中,绝大部分的中小企业基本都没有配置,大多都是"家长式企业",主要还是股东一个人或者主要投资人说了算,这是公司制度不健全所带来的问题,需要市场和时间慢慢来解决。如果众筹里股东的人数较多,还需要有信息披露机制和议事机制。

五、选定合伙人

核心发起人确定后,需要寻找其他合伙人。这些合伙人要么是认可发起人的人,要么是认可项目的人,要么是对项目有所需求的人,要么是纯赞助的人,他们都可以作为众筹项目合伙人。有的合伙人,听了不到三十分钟就现场签了认股协议书,有的可能说了几个小时还犹豫不决,这里可以清楚看出他们各自的需求和想法。寻找合伙人多半是由牵头人要逐个去找合伙人谈,最后找到一些愿意参加项目的人。

前期签订的是认股意向书,下来就要开个说明会,会议在特定范围内的意向股东之间召开,发起人拿出项目计划书来展示,把项目情况详细介绍给意向股东,项目的内容和产品机制是重点内容,可以让意向股东知道核心的东西,发布会上,还要介绍出资款的到位时间,这个时间不宜太长。

到底什么时候设立公司,是款项全部到位后设立,还是前期就先设立?这个没有固定答案,如果是小范围股东人数不多的,可以先认缴出资设立公司,此时的成本不大,即便亏损也能担得起。如果股东人数较多,就等到融资款到位后再设立公司,这样风险也不大,即便融资真不到位,钱也可以再退给其他股东。

设立公司前的股东叫"发起股东"或者"创始股东",设立公司后新进的股东叫"后来股东",在股权方面,可能会有溢价的情况,具体用不用,由公司决定。

还有就是要区分核心发起股东和其他股东的区别，比如在公司还未设立前的股东，一部分是"核心发起股东"，一部分是"其他股东"，要对这两类股东有区别。从发展角度来讲，自然要以核心发起股东为主流，项目如何发展和决策取决于这些人。从利益分享机制方面，也要很清楚各自的利益诉求是什么，怎么让这两类股东的利益都能得到满足，怎么平衡和怎么协调等。

第三节　股权架构思路

一、两种股东的架构思路

上文提到了对股东进行尽职调查，确定没有法律纠纷、没有不良资信资产后，从法律技术角度来讲，下一步就是要进行众筹股权的架构了。目前市面上还没有一套完美的股权架构模式适用于所有的项目，股权具体采用何种比例，都没有统一的标准。这主要是根据项目自身情况掌握，再加上项目不同的缘故，所以这里简要说一下笔者自己的看法。

在众筹融资中，股东分为两个层面的股东：一个是"原始股东"，一个是"新来股东"。对应股权架构方面，也有两个层面，第一层是原始合伙人之间的架构（简称对内股东），第二层是对众筹融资股东的架构（简称对外股东）。

理论上的顺序是，先解决第一层的架构后再往下走，第一层股东是项目的发起人或者是核心层，这个是众筹项目的基础，什么都能变动唯独这个不能变动，如果离开了核心层将造成基础不稳。

在第一层股东架构时，也要分清主次，主要应当由核心发起人"掌握主要表决权或者管理权，其他股东为辅"。具体股权的比例股东们可以根据自己的出资和贡献协商确定，这个法律不做过多干涉，留给股东自主确定和章程约定。最好不要有股份均等的情况，例如50%和50%，一定要体现出核心股东的优势地位，就好像家里没个家长会乱了规矩一样。

确定完原始股东的股权后，就要留出一定比例的"股权池"，用于日后股权激励、招募众筹股东使用。切忌股份一开始就全部分完，如以后有股权激励或增资扩股的情况时，股东可能都不愿意拿出自己股份，这里边有利益的取舍问题，会使项目比较令人头疼。

笔者个人认为，股权设计一定要接地气，不能太生硬，一定要"和气"，股权设计有时候也不能太讲"理"，就像在家庭生活一样，如果都去讲"理"，谁都说服不了谁，必要的时候得"讲包容、会让步"。在以后的公司治理和公司发展中也应用这种心态去对待，方能符合线下众筹的逻辑。

第二层股权架构和第一层有雷同，原理基本一致，这里边会多出个"溢价机制"，假如股东人数一多后，带来影响的首先是控制权，表决机制在这里边是重要环节，需要科学和有序的设置。具体有多少的溢价，可以和公司会计一块商量，这方面多听听财务人员的意见。

另外，"退出机制"也是重中之重，市面上绝大部分的项目就是没有想好退出机制，造成"合伙好合，散伙难散"的局面，最后陷入项目僵局。

笔者认为，出于对项目负责的考虑，应当上来就先设定好退出机制（退出机制在本书章程板块里有介绍）。退出机制是每个公司制度的标配，要"亲兄弟明算账"，提前把退路和出路想好，这是一些大公司和先进公司的做法，很值得借鉴。

二、关于控制权思路

股东的人员构成有好多种，为了大家的融洽相处，在设计股权架构时，不能只考虑股份，而应着重考虑股份背后的人，因为不同的人对待股权的态度会不一样。例如在表决方面，有的人会在意，有的人却不在意，在意的人可以在表决权上弱化一些，增强创始股东的控制力，不在意的人可以多分一些，看似表决权很多，但实则是在分化风险，不构成对创始股东的威胁。这样建议，主要是从项目能够长远发展所做的考虑。

根据身份构成来划分的话,可以把股东和创始股东分为"同学、朋友、亲戚"三种。这是实践中最常见的三种关系,也是寻找合伙人最主要的几个范围。

公司治理从生活中来看,有点像家庭关系,大家在一起合伙"过日子",应该互相谦让,所以不用全部"依法办事",特别是在三四线城市,做事情的时候要有"情商与和气",不能单纯用法律规定来处理事情,特别是在平台众筹中,大家彼此之间都没有什么具体的利益关系,很少会出现"谁去控制谁"的情况,所以这里的控制权设计可以变得灵活和特色一些,不一定非要套用得那么生硬和具体。

具体的做法还是由股东会授权董事会行使其部分职权,把工作都部署在董事会身上,而董事会里边的董事尽量由发起人股东和其他股东担任比较合适,董事人员的构成里边必须要有年轻人或者会干活的人,这是执行团队的标配。

三、关于合伙人工资

在众筹中怎么分配股权?道理和普通的公司股权基本一致,但也有其特殊性。

普通公司股权表现为基本的创业需求,而众筹融资既有创业需求也有金融需求,还有改良升级需求,因此在股权架构时要首先考虑众筹项目的感受,不能一律照搬市面上的做法。

在普通公司的股权架构中,有的一般以各个合伙人的出资金额决定股比,例如出资100万元、50万元、100万元,用各自出资除以出资总数后,就是应当分配的股份,即40%、20%、40%。在创业合伙的情况下,创业项目各有特点,有的活动也比较复杂,例如在都是合伙人的情况下,只有小张干活多,其他两个人都是辅助,但出钱一样多,此时的股份怎么分?

这时候会出现"谁贡献大,谁期望就高"的情况。如果不考虑该环节,以后很有可能会出问题,生意如果成功了,那个贡献最大的人难免就会起疑虑，"凭什么我干这么多却要和你们拿一样的股份？岂不是很不公平"？

拿合伙人从公司里边拿不拿工资作为参照，可以以此确定贡献最多的人该拿多少股份。例如他不从公司里边拿工资，别的合伙人有工资，那么他的贡献就会大点，如果当地平均工资是2万元每月，他没有拿，那么一年下来，他的贡献就是24万元，用24万元除以其他合伙人拿工资的总数，那就是他应当享有的股份比例。例如总数是100万元，他就是24%，这就是他的贡献股份，这主要是结合该股份基数给贡献最大的人进行奖励。

股权分配的模式有好多种，大家也可以买些书回来看看，需要特别说明的一点是，在股权里边不要忽视人性问题，一个是贡献人的人性，一个是其他合伙人的人性，实践中双方在分配方面出现争议很正常，这时候就要结合项目综合考虑。处理的主要原则是别因为"些许利益"毁了"大家的局"，出现问题的时候可以慢慢商量。在实践中，一般都是进董事会的股东才会获得工资报酬，因为董事都是具体干活的人，在平台众筹里，可以用"固定工资+业绩提成方式"来处理。

四、办公场地如何出资？

在合伙人出资时，法律规定有很多种方式，例如现金、实物、知识产权等，有的也会出办公场地。

"办公场地"是办公司的必需品，也是公司的"根据地"，有了"根据地"才能"长期作战"，这在公司经营方面的作用十分重要。

办公场地属于房产，房产值多少钱，就视为股东的出资，那么办公场地怎么估值？如果以产权出资倒好办，进行产权评估就可以，但如果是以使用权入股，此时使用权怎么评估？办公场地实际上就是财务开支，这部分财务开支就被视为对项目的投入。用财务开支除以总投资数就是应当占的股比。

但并不是所有的办公场地都被列入开支：

（1）办公场地必须是项目所必需的。例如需要100平方米的面积，却提供了500平方米的面积，那么多余的就不能算作投资。

（2）办公场地原本是为盈利而设置的，如果原来这个场地本身不具有营利性，那么就不会给他带来收益，没有收益在功能上说他把房产提供给公司后自己就不会有损失，所以就不能算作盈利。或者也可以这样说，办公场地本身具有盈利价值，如果是闲置的或者没有产生价值的就不便作为投资认定。

最后，对场地权属也要进行落实，其中法律尽职调查前置，从法律上来讲，股东出资也是其资信资产的一部分，在先搞清楚股东对场地是否有处置权后，才能赋予其在项目里享有的资格和权利。

五、创意怎么估值？

假如有朋友有个创意，想拿该创意出资，那么该创意算不算投资？这主要从以下几点考虑：

（1）该创意必须具有价值，体现之一就是在该创意的基础之上，经过了反复的思考与研究，最终形成了较为成熟的商业方案。

（2）虽没有商业方案，但是创意的初步想法已经得到了落实，并开始了原始产品的开发。能够让人看到市场前景的创意才算得上是有价值的贡献，才能进行估值。

（3）有创意并不难，难的是把这个创意转化为成熟的商业方案，而这个转化的过程需要创业者进行大量的前期工作，这个前期投入就会被视为投资。

所以，建议众筹前期一定要有商业方案，不能只拿嘴说，最好制作一个商业计划书，可以是书面的，也可以是PPT，这样商业计划书里的内容就可以视为你的投资了。

六、人际关系怎么估值？

"线下众筹"讲究筹人，人实际上就代表着"人际关系"。我们在实务中间经常会遇到有的人以他的"关系"出资，然后公司给他相应的财务回报，这时候就会出现他的人际关系值多少钱，怎么给他估值的情形。

"思路之一"可以从人际关系能给项目带来的收益方面考虑，如果能为产品打开销量，而公司承诺可以给予一定提成，那么这部分提成就被视为是合伙人对公司的投入。这里有个小提醒，如果仅是单拿提成的话，这是"人际关系"和销量的等价置换，不是合伙；如果是提成不拿，然后算作对公司的投入的话，这时候才具备合伙人身份，可以算作股权出资，因为目前的《公司法》还不承认以"劳务出资"，这是很多企业家们经常会犯错的地方。

还有一种情况，有的公司会有一定的融资计划，如果你的人际关系能帮助公司实现融资目标，而公司又答应支付一定佣金，那么该部分佣金就视为对公司的贡献，这部分贡献算不算是合伙人的出资，可以参照上文判定。

七、从合伙人股本看同股同权

公司在创业阶段，在出资方面，有的人会出技术、出场地、出资金、出实物，还有人的会出时间，目的是发挥各自的优势为公司做贡献。"技术"和"时间"很好界定，例如技术不够了可以继续学习，时间不够了可以加班加点，在创业阶段，对于创业者来说在创业初期最缺的可能就是钱，这是每个公司都可能会面临的问题。

钱的价值在创业期间最为重要。所以，好多做法就是对钱的价值进行翻倍估值，以保护出资人的利益，这在普通的创业公司会经常用到。

例如甲负责领导方向、乙负责内部事务、丙负责出钱。假设按照当地甲的人才年薪价为32万元，乙的为8万元，如果丙出资30万元，那么就应对丙的30万元进行翻倍60万元估值。这样下来，股本构成为32万元、8万元、60万元，假如总股本价值为100万元，依次的股权比例为32%、8%、60%。丙为这个项目最大的股东，资金股占了优势。当然，这个只是参照，具体的分配模式创始人之间可以自由商量，法律不干涉，多劳多得，少劳少得，充分尊重贡献和民主意见。

从以上例子可以看到，股权的比例对项目影响深远，大股东更有可能会控制全局,"干活的人"忙活个死去活来后,才发现甲和乙都是给丙打工。

平台众筹里的"同股同权",可能就是要排除这方面的顾虑,在平台众筹里各个股东的股份均等,只有发起人没有大股东,大家的目的是为了聚在一起产生新的活动,不会有利益方面的角逐。所以在吸引众筹股东时,如不采取"同股同权"模式时,要稳定股权结构,控制股份比例,不要发生大股东抢占项目的情况。

八、合伙人如何估值?

合伙人应当具备以下三个特点:①要有能力,工作能力、社交能力、技术能力等都是必不可少的条件;②要有创业的心态,可以放弃其他事情,抽出身来全心搞项目;③要有充分的时间,不能以自己忙为由逃避工作,这是合伙中经常会出现的情况。

以上特点与"线下众筹"要求股东的条件极为类似,例如在"工作能力"方面,可以理解为"缺什么资源就补什么资源";在"充分的时间方面",可以理解为"股东是顺手出力,不能强迫出力",否则就会有反感情绪;合伙的事情一定要找执行团队专门打理,因为股东多半都有自己的事情,一定会出现太忙无法顾及的情形。

"大道至简",这些商业逻辑竟然惊人的相似。除此之外再说些例外的情况,还有些人不适合做股东,例如只提供资源的人。

"只提供资源",资源有个特点就是虽然在有些时候会派上用场,但无法用价值衡量,好多人都会协商以股份折算的办法进行估值,因为资源具有不确定性,不是有价物,能否实现还不确定,所以不建议以资源形式入股。但如果换个方式,承诺项目成功后给回报,这样来得就会更简便些,例如成功了以后可以有现金或实物奖励,这样就可以量化。

"线下众筹"说的补资源,一定是可以等价量化有价值的资源,如果衡量不出价值,"事后给回报"一定会是个最好的解决办法。

好多公司都有兼职人员和普通员工,为了项目的需要,公司也会给其进行股份激励，马斯洛原理里面要求根据人的需求来做对应管理，这两类人还都处于生存期，给股权还不足以让他们跟你风雨同舟，他们也不会放弃自己的时间跟你加班加点，所以不适合做合伙人给股权。

以上是经常遇到的情况，实际上笔者感觉真正能推动项目的还是资金，这是做项目的"核心"，所以应当多吸收些既提供资源又提供资金的人，这些人也可以被称为"优质合伙人"或者"核心合伙人"，他的能量能够直接作用于项目，也能和创始合伙人较好对接。所以判断一个项目是好是坏的条件之一，就是看这些人是否多，如果人数多，那么它就会是一个好的项目，很值得关注和参与。

九、股权分配思路

"股权"，是眼下正热的话题，市面上有很多类似的培训班在讲这个。它可以说是企业的"脊椎骨"，贯穿公司创业、发展始终，也是股东的身份证，代表权利也履行义务，绝对不能忽视。

合伙人创业做事情，必定要先把账分清楚，在科学的股权设置方面，企业目前还很传统，包括一线城市的企业，也没有分得那么清楚。在分配股权前，要解决两个问题，一个是怎样分配能保证创始人的权益和对公司的掌控，一个是如何分配股权才能给公司争取更多的资源。

这两个问题都很大，不是一句话或者一个架构就能解决的，以前说过做股权要"讲和气"，如果太生硬容易出问题，就如同和家人之间相处"不能只讲理，要讲包容"一样，要结合情况考虑。

这里先提出几点思路，如单从法律层面考虑的话，第一个问题可以参考股权的几条生命线来考虑，67%、51%、10%、5%这几个数字都是需要创始人着重考虑的，前两个数字是绝对控股和相对控股，要确保；后两个数字是小股东的解散公司权和会议临时召集权，这让人听起来似乎有很大的压力，都在想会不会真的出现问题？但笔者觉得，不管法律规定得多么具体或者严格，在做项目的时候，只要控股股东"心善路子正"，真正给大家办事谋利益，基本不会发生什么严重的问题。

第二个问题带点激励的性质，以激发股东积极性，"线下众筹"讲究补资源，所以这条要求比较高。假如股东有资源，把他召集进来了，但他干没多久就想退出怎么办？

通常的做法是"绑定服务期"，即要求给项目服务一定期限，1年、3年、5年皆可，服务期满后，即成为股东，可以享有公司一定比例的股权，这有点附期限的性质。也可以附带条件，比如完成一定任务或达成一定结果后，即可享有股权。在向股东开条件或提要求的时候，不要不好意思开口，光明正大总比心存疑虑要好得多。但是目前企业家的心理素质，多半会抵触或者会反感，有这种情况的时候就需要发起人的智慧和艺术了，切忌方法方式鲁莽生硬。

第四节　具体操作流程

一、前期主要做这些事情

好多人认为，只有项目正式启动了才会有正儿八经的事情，在项目的前期酝酿阶段，没有太多的事可做。其实，众筹项目在前期的事情不比启动后的事情少，在有些方面的意义还要大于后者。

例如，核心发起人的"创意"，这个创意不是凭空想出来的，能想出创意的人，学历、经历、智慧、技术等都有过人之处，特别是在平台众筹里，夸张点说，不仅能高瞻远瞩，还要有优良的技术。

创意出来后，要找几个核心发起人讨论，这时候就要设计商业模式，这也是众筹最有技术难度的地方。商业模式设计出来后，还要简单编写一个商业计划书，项目概况、项目盈利模式、项目预算、项目回收、项目发展规划、项目团队成员等都要体现在里边。

特别是财务方面的计算，有的核心发起人对这个非常关注，例如"投入需要多少、什么时候能盈利、项目能坚持多久"等。如果是平台众筹不盈利，那么考虑的重点就不是盈利方面，假如设定三年不倒闭的的条件,就要先考虑资金是否够三年的预算,但笔者认为应该也考虑一下三年后如需要继续投入时核心发起人怎么继续投资的比例问题。如需要租房子时,水、电、房租、人员工资、装修、消防、税收及各种费用都是需要提前考虑的因素,可以先统计个大概,拿出基本预算,以后再慢慢完善。还有就是如果项目需要特殊许可的话,一定要考虑取得批文的环节。

这些事情实际上都是核心发起人考虑的事情,需要具体落实执行。例如谁去看现场找房子、谁去制作项目概算、谁去协调相关部门的关系等。另外一些前期的费用也应考虑在内,例如需要聘请架构咨询师、律师、会计师、装修设计师的费用,都应当算作项目开支,提前预算出来,然后大家再商讨个承担的方法。

众筹和传统生意有个区别,就是对"筹人"有一些要求,可能是找一两个合伙人,也可能是众多合伙人,不仅要找到人,更要慢慢统一认识。所以这里边需要花时间花精力,其难度和技术含量比传统的要大很多,把以上事情捋顺清楚后,做起来的速度可能就会快一些。

前期步骤总结:出创意、设计众筹模式、寻找合伙人、讨论众筹模式、出具商业方案、落实具体分工。

二、制作备忘录

"众筹是讨论出来的,不是天上掉下来的",它需要各个发起人之间好几轮或者更多轮的探讨,在讨论中逐步找到成熟的方案,这实际上也是在共享大家的智慧,有点"共享经济"的意思。

在前期,一些创意先由那么一两个发起人提出来,然后再找到志同道合的伙伴一起来谈论,这些人是最早的一批发起人。讨论的时候可以是初步方案,不一定是十分成熟完美的方案,因为仅凭那么一两个人就把方案想得完整,这对他们要求有点高。所以在这方面可以借鉴"1898咖啡馆"的经验:"先提出大概方案,具体细节由大家讨论",这也是众筹为什么要基数大的原因之一,发起人的基数越大,所凝聚的智慧就会越多,就不会因为一两个发起人考虑不成熟而半途作废。

在讨论的时候，要有个记载大家思想和智慧的"会议记录"或者"备忘录"，把讨论时间、地点、参会人员、讨论议题、最后议决结果等都记录下来。这也是项目不断升级的过程，可能经过十来轮的讨论后，再回头看看当初各发起人的留言，就会有可喜的发现，这不仅是发起人的智慧，同时也是众筹项目的财富，要注意保存和积累。

这种习惯养的多了，以后的股东会、董事会、监事会、执委会等会议也就会更顺畅，股东们也都能照章办事，这也符合现代公司的科学治理体制。

实践中，企业家在议事的时候，都没有做笔记的习惯，所以建议每个发起人要带一个笔记本，专为讨论项目所用，记录下每次最初的发言，可以是自己的，也可以是其他发起人的，这样下来就会积累许多有益的经验。另外再安排一个会议记录人员，专门对会议事项进行记录，会议结束后由参与人签字留名，作为原始资料保存，众筹项目做成后，这些都是有益的经验，也是珍贵的创业智慧，利他、利己、利人，总能在以后的某些方面有所收获。"备忘录"如现场签字有困难时，对于一些不太重要的讨论会，可以由会议人员制作电子版发微信群里公示即可。

三、备忘录里具体的内容及写法

按照国际上对"备忘录"下的定义，它是指：①非正式的外交信件，特指政府部门或外交部致大使馆或公使馆的书面声明，尤其用于例行传达或询问时，无需签署；②备忘或保留准备将来用的非正式的记事录；③帮助或唤起记忆的记录；④日记本里的记事录。

实践中，公司在商务洽谈、谈判等事项中会经常使用"备忘录"，从法律和功能上来讲，"备忘录"在所有的文件系统里效力最低，基本不具有什么法律效力，不是合同也不是会议纪要，主要起到记录已完成或记录待办事项的功能。也可以把它理解为日记本，就是把思想和经历记录下来，类似手机里面备忘录的功能。

从法律层面来看，如没有特别事项约定，签署备忘录基本没有什么法律风险，这也不算是特定的承诺，即使不去履行备忘录的内容也不会产生什么大的责任，这只是双方在事前磋商中的拟定事项，没有什么特殊约束力。

在项目前期，发起人要不断讨论方案，有的企业做法是全程录像，把会议内容都保存下来备份，便于查询，例如，某大型上市公司在召开股东大会或有重大事项需要宣布或表决的时候。这个可以根据自己的项目灵活掌握，在记录方面，最简便易行的还是传统的笔墨纸砚，然后指定专人记录，会议结束后由全部参会人员在上边签字备份。

备忘录上应该有"记录"和"记载拟待办事项"两种功能。记录的内容有：时间、地点、主持人、记录人、参会人员、讨论事项、各发言人的谈论意见、最后决议结果（如形成决议则有，如没有则不用记载）。

特别建议：如一次谈论结束后，尽量把下次会议的时间、地点、拟讨论事项、拟参加人员、拟讨论的目的、拟达到的结果等也在备忘录里记录下来，这也是充分发挥备忘录"备忘待办事项的功能"，这样可以节省时间，提高效率。因为发起人本身都很忙，如能快速解决的事就尽量提前解决，这也能给发起人腾出其他空间。

现在微信等通讯软件很多，如果采用微信方式讨论重要事项的，实名认证、截屏保存少不了，这种方式就相当于把线下搬到了线上，采用这种方法，大多考虑的是怎么把大家的思想和智慧固定下来，便于以后查找和使用。

从功能上来讲，随着项目的进展，备忘录会逐步进化为发起人会议记录、股东会、董事会、监事会会议纪要等文件，它将从单纯的日记功能演变为生效的法律文书，以后起的作用会越来越大。

在这里提倡大家使用备忘录，目的是唤醒企业家的现代化公司管理意识，这也是在用科学的机制来运作公司项目，既然是创新性新型的商业模式，自然也要与国际上的机制接轨，来避免公司运行效率低、风险大的传统通病。

会议备忘录的范本如下：

会议备忘录

时间：
地点：
主持人：
记录人：
参会人：
会议事项：
会议议决结果：
下期待办事项：

参会人员签字：
年　　月　　日

四、开第一次论证会

关于众筹理论，相信市面上很多书都有介绍，如果掌握了相关技术就可以自己架构。这里说一下众筹模式在架构师研发的情况下，后续的步骤该怎么办，当然，发起人也可以自己发起架构。

众筹架构师的定位应当是第三方服务机构，独立于发起人和众筹股东之外，和会计师、律师的身份很像，提供有偿知识服务。

众筹架构师不参与项目经营，也不参与项目管理，其提供的众筹模式架构应当以咨询意见书或者服务意见书的形式出现，具体是否采信由发起人定夺。在做众筹项目架构时，前期要做大量的脑力工作或者智慧研发工作。除了懂众筹外，还应该了解该行业的特点和现状，了解的一个主要渠道是听发起人介绍，另外一个渠道就是学习调研，然后做后续的准备工作。

众筹架构方案出来后，接下来就要开论证会，参会的都是一些核心发起人，这些人都是项目的"灵魂"。论证的内容主要包括：模式是否可行、模式的难度大小、模式是否能被接受、推广起来是否能落地等。如果有律师在场的话，主要审查：模式是否合法、是否有集资风险、是否能够推广下去、是否对发起人合适等。

第一次论证可以采取投票的形式，如全体通过自然好，如未获通过，需要对未通过的地方进行修改，可能还会有第二次论证、第三次论证，等到全体意见基本一致了，这个方案就可以尝试推行了。

在融资方面，可以根据钱进账情况作为项目节点，如拟融资300万元，等最后一笔钱到账后，这个众筹模式就基本宣告成功了。项目以后的运营和管理属于商业板块，运行的好与坏可能多是发起人考虑的事情，对于架构师而言，其服务已经宣告结束，如需继续服务，可以再后续跟进。这跟股权设计、法律顾问的道理一样，可以按照每个阶段来对应提供不一样的服务。

五、论证会所要讨论的具体内容？

众筹方案出来后，需要找发起人讨论，根据项目情况不一，这里介绍一下主要内容：①项目选址是否合适；②装修方案是否合适；③项目预算是否合适；④众筹方案是否合适；⑤若通过表决，发起人出资什么时候到位；⑥公司名称是否按照原设计进行，如没有设计公司名字，在该会议上应当确定公司名称；⑦讨论第二轮融资路演事宜；⑧讨论公司法定代表人、董事长、董事、监事、董事会秘书、财务负责人等岗位人选；⑨选举出项目筹备期间的发起人代理人。

六、进行项目路演

路演是每个融资企业都要做的事情，是创业公司获得资金支持的一个重要渠道。现阶段，从政策法规层面，线上有"股权众筹"，可以在网上展示。"线下众筹"在路演的时候，从介绍项目和融资角度来讲，和传统企业差不多，路演活动首先要介绍：项目内容，发起人、项目概况、项目产品及回报机制等，特别是项目能给投资人带来的好处，是消费回报还是股权回报，是能获得超值产品还是能够得到财务利润，都要让投资人听得明白，看的一目了然。

接下来要表明募集的圈层，例如只对本特定范围内的特定对象进行项目说明，不对外公开募集。募集的场合可以是年度聚会、月聚会或者专门组织的聚会，活动场所能放在企业的办公地址最好。募集的用语也要分开层次，例如本次路演仅是对项目的介绍说明，如有投资意向请向项目组报名登记，经过层层筛选符合条件的才可以作为股东加入。如果有人愿意投资做股东，接下来还有配套文书签署，例如××项目风险提示书、××项目投资确认书等。

从商业角度考虑，建议对核心发起人有个介绍的环节，由发起人介绍发起人团队。众筹很大一部分筹的是信任，即对核心发起人的信任，要有"就算亏钱也要投资的心理"，这个来自于情怀或对发起人的认可，其中的作用和意义甚至高过项目本身。

七、先选址再预定场地

项目路演从功能上来讲，是给发起人以外的投资人看的。在此期间，发起人对项目基本已经统一了认识，接下来可以在发起人之间选出一个代理人，全权处理项目设立、选址等事宜。项目选址确定后，要和其他发起人详细商量该位置的可行性，如果是按照租赁的方式来做，需要考察该场地租赁人是否有租赁权、是否存在转租问题、场地以后是否可以供项目长期使用等现实情况。以上情况落实完后，觉得可行，那么就需要发起人出钱投资了，这也可以叫项目的第一轮融资，该轮的融资主要是去缴纳租金预租场地，支付架构师、律师、会计等人员的服务费用，法律上叫"发起人应承担的费用"。

在第一轮融资时，需要召开创立大会，签署股东发起人协议，协议内容主要是说明项目的设立情况、发起人的出资情况、各发起人的分工情况等，为保证项目可行以及保护各发起人的合法权益，有必要设立"如发起失败"的条款。例如第一轮融资后，在进行第二轮融资时，如融资失败，对于发起人已经缴纳的第一期出资款怎么承担和清算的问题。

这不仅是在保护项目，更是在保护各发起人之间的友谊和信任，所以可以先预设"兜底条款"，免得大家无章可循伤了和气。也可约定由若干核心发起人承担发起失败而产生的费用。

商量完以上环节后，各发起人的出资时间和出资方式也应进行明确，最好是以现金方式一步到位，这是考验发起人信心的时候，也是检验项目是否有吸引力的时候。项目如果真的好就不会缺投资，如果发起人都打退堂鼓不肯出资，那么就说明项目还不完善、不成熟，就需要继续论证和调整了。

八、建立发起人领投制度

在投资项目时，当其他投资人拿不定主意的时候，第一个发起人的投资可能会起到推波助澜的作用。在众筹融资中，起到带头作用的是第一轮的发起人内部融资。在项目前期，发起人已经开了很多次线下会议，商讨和论证商业模式，当有些事情达成一致后，就要立马拍板定案，例如发起人首期出资多少、什么时候资金全部到位。因此，在会议结束后，为便于提高工作效率，要立马建一个核心发起人群，在群里通报会议事项，这也是发起人之间互相交流的一个平台，主要通报商业模式及项目进展的重大事项。

在会议上，应先选出财务负责人，负责项目前期的财务工作，最主要的是收取各发起人的出资款。发起人出资款到位后，要第一时间通知所有人，并把转账记录调出来，示意某位发起人的出资款已经到位，到账时间是某年某月某日，提醒其他投资人在截止日前按时出资，这个过程有点像"领投"的作用。要想让其他投资人行动，发起人内部得先示范带头，这是对项目的确信，接下来才可以带动大家跟投，这样就能起到共同参与的效果。

这种做法，在第二轮融资中也可以借鉴使用。

九、签订租房意向书

核心发起人要负责项目前期的所有工作，在公司还未成立前，工作往往都是由少数几个发起人来干，特别是在众筹融资里，在创立大会还未召开、后续的股东还未到位前，工作量非常巨大，任务难度可想而知。

每个项目都需要办公场所，这就需要对项目进行选址。选址可以是自己购买产权也可以是租赁房屋，如果是租房时就需要洽谈租房事宜，因为其他投资人还未全部到位，资金也还未全部筹齐，公司将来能不能成立还未有定论，即便是事情再急，在这种情况下也要注意保护发起人的资本安全。所以在租房时，先不要和房东签正式的租房合同，最好先签个"租房意向书"，防止将来公司设立不成时造成发起人被动。

租房意向书

今欲租××房屋约××平米，租期自×年×月×日至×年×月×日，租金每平方米为××元；公司先付押金××元，稍后由公司正式签订租房协议，本事项暂由公司代理人××代为办理。

出租人：×× 租房人：××

×年×月×日 ×年×月×日

以上租房意向书不仅在众筹融资里可以用到，在传统公司运营前也可以同时使用，租房意向书有点预定的功能，这不同于正式的租房合同，后者的违约责任会大一些。之所以这样设计，主要是不让发起人背太多负担，也能最大限度保护公司的设立安全。

十、租赁协议不宜早签

项目论证如果通过后，就要确定公司的办公地址，这无论对众筹还是普通的公司而言，都是必经环节。

找场地需要租赁，租赁协议是必备的一个法律凭证。租赁协议在启动资金还没有完全到位后，也不宜早签，可以预定或者有几个月的缓冲期，方便众筹模式的升级和投资人的后续跟进。这样考虑，主要是因为如果项目发起失败，预付租金就会打了水漂，甚至还可能会触犯租赁协议中的违约条款。

还有一点需要注意，在项目前期、公司还未成立时，发起人最好不要以自己名义签合同，因为项目本来就是大家的事情，当用房违约的时候，租赁方可能就会单找发起人承担个人责任。因为法律上讲究合同的相对性，"谁签合同就找谁"，这是许多创业者们都会忽视的问题。

故建议，有必要在租赁协议里，注明：租赁方为某某公司，发起人作为代理人代为签订，待公司成立后，本协议租赁主体自然转为公司，租金亦由公司支付。

十一、租赁场地的注意事项

从保护发起人角度考虑，在租赁场地方面应注意以下几点：

（1）如果从出租方手里承租房屋，因出租方原因关门歇业而影响项目经营怎么办？场地是否有转租情况，合伙人如不同意承租怎么办？

（2）租赁期满后，如需继续承租，房租涨得太高怎么办？

以上是两个最常见的商业问题，都是企业老板们关心的实际经营事项，第一个问题，应当在租赁合同中写明：租赁期内，出租方以不影响承租方经营为基本原则，不能对外转让或关门而影响项目的使用，如必须转让时，应提前90日通知承租方，并告知下家项目的使用情况，须保证下家也同意承租方继续使用房屋，否则应承担违约责任。违约责任可以列出几个参照标准：①年租金的3倍；②装修费用；③年营业额；④再找下一家场地的费用等。

在考虑第二个问题时，可以提前和出租方约定，3年以后的租金按本协议租金价格执行。这中间会存在双方的博弈，可以调高也可以降低，具体谈得怎么样主要看双方的谈判和取舍，也可以按照每年10%至30%的价格上下浮动，具体事宜灵活掌握。

需要说明的是，租期如是3年，3年后怎么办？这个问题现在可以不想，但到一年半或者两年的时候就要提前打算了，特别是项目运转良好的话，更应该提前想出路，以便设计新的规划。项目如运转不佳，也要提前想到清算的事宜，如果是股东多的话，提前开会和财务公示十分重要，前期的融资风险提示书更应该做到前头，以免发生误会。

十二、设立项目公司

发起人找完租赁场地后，接下来就开始考虑设立项目公司的事情了，有的可以是先有公司再找项目地址，这个可以因人因事而异。在设立公司前，众筹模式由发起人讨论后基本已经通过了，如果都觉得没什么问题，那么下面就要开创立大会，设立公司进行运行了。

在创立大会上，发起人要确定项目执行的具体细节，例如各发起人的出资要全部到位、各发起人的职责分工等，实际上也是公司成立前的一个预热阶段，然后根据发起人大会情况，签署发起人协议，作为公司成立前的纲领性文件。

根据我国公司的相关流程和规定，公司成立后，应当签署公司章程，决定公司的基本架构和制度。此时设立公司的目的是更好地执行实施项目，以公司的名义来寻找投资人、开线下说明会、为投资人签发股东出资证明书载明权益和资格等，这可以叫第二轮融资。等到投资资金全部到账后，众筹就可以视为发起成功，接下来的工作由发起人、股东按照章程和众筹模式执行，具体事项与传统公司基本相同。区别就在于在向投资人融资时，要用金融的眼光看待问题，法律文本方面多起草风险告知书、股东资格调查表、微信实名认证协议等具体事项，应结合众筹和法律两方面，尽量把项目风险降到最低。

同时，要不断跟进项目进展，提前作出判断，例如众筹承诺三年不倒闭，这时候就要思考三年过后该怎么办，这个问题需要核心发起人提前考虑，最好项目运行一年后就开始准备。

十三、开始第二轮融资

做众筹应先找发起人，也可以叫先找原始合伙人。按法律规定，发起人应各负其责，并签署发起人协议，在发起阶段所产生的开支应算作项目开支,列入开支预算里,以后由公司承担。

在发起阶段需要收发起人的钱,这个叫第一轮融资,发起人钱到位后就开始进行发起阶段的工作,例如支付租赁场地的租金、准备相关资料、招聘员工、购置办公用品等。根据我国《公司法》的规定:"发起人在公司设立阶段对外承担连带责任,公司成立后由公司对外承担有限责任。"

这里有个商业或者法律风险提示,假如发起阶段不成熟,可能会造成发起失败,这时候需要发起人们做个节点预算,特别是从融资角度来讲,多少钱够第一轮融资,多少钱在第二轮融资完成?都要有个计划。如果发起真的失败了,那么各发起人进行清算即可,实际上在众筹模式里,因为人多,即便是失败了承担的风险也很小,这个损失可以忽略不计。

如发起成功了,就可以进行第二轮融资,也可以叫寻找其他合伙人。这说明众筹模式基本已经形成,在项目前期能让几个发起人投资,说明项目确实有魅力,发起人投资到位后意味着获得了各发起人的认可,从融资角度来讲,对外再融资的时候难度可能会小一些。

在小项目和平台众筹里边,对第二轮融资来讲,如果融资成功了,第二轮进来的合伙人也会把公司经营交给牵头发起人来打理,自己承担的工作量也不会太大。

第一轮融资要筹够足够多的钱来支付第一轮成本,第二轮融资同样也是要筹足够多的钱,来满足对股东设计的众筹回报,这里专门介绍了两个融资阶段,使读者能够更好地看清众筹的实操步骤,希望能让众筹工具发挥它的作用。需要提醒的是,第二轮融资中的对象应是特定范围内的特定对象,不能向社会公开路演融资。

十四、召开首次股东会

第二轮融资成功后,就已经确定了公司的大多数股东,如果融到了该有的资金,从融资角度来讲,基本上可以对外宣告众筹成功了,所以要马上开个全体股东之间的见面会,讨论一下公司以后管理和运营方面的具体事项。这个股东见面会也是发起人和其他股东的见面会，因为有些股东和发起人、股东和股东也未必都互相认识，应有个互相认识的环节。首次股东会的内容，从项目角度来讲，主要是以下几点：①核心发起人的组成及个人简介；②项目服务团队的组成及简介；③拟设立公司的组织架构简介；④选举公司的组织架构，如股东会、董事会、监事会；⑤选举公司的董事长、监事长及董事、监事人选；⑥起草首次股东会决议，即选举董事会成员、监事会成员；⑦起草首次董事会决议，即选举董事长决议；⑧起草首次监事会决议，即选举监事长决议。

至此，从公司成立角度来讲，众筹融资即可宣告成功，下边的事情就和公司运营基本差不多了，要再次说明的是做公司一定要有执行团队，这也是最不可忽视的建制。

第七章 众筹融资必备的法律文书

第一节 商业计划书

一、商业计划书的基本写法

任何项目想要获得投资,想让投资人看明白项目,都要有一个书面的可以表现出来的载体,如果单凭嘴说,虽然你能做到滔滔不绝,但在投资人看来,似乎并没有显示出你做事情的决心和项目的可靠程度。笔者参与过很多路演活动,基本上创业者都会展示一个PPT,那个PPT实际上就是一个很好的商业计划书,这不单单是为了满足融资需求,也能检验项目是否清楚。

做众筹不仅是在融资,更是在寻找合伙人,发起人的想法和创意更应该叫人看得明白,所以对商业计划书的写作要求比较高,不仅要言简意赅,更要生动突出,用最小的篇幅和简单的话把项目说清楚就可以了,切忌长篇大论,没有主题。实际上投资人关注的仅是几个核心点,把这个说明白即可,具体写法如下:

(1)先介绍项目概况,最好几句话说完。例如想做酒店,酒店是什么类型的、多大面积、多少间、拟建位置在哪、酒店的定位是什么、消费群体是谁等,争取简简单单说完。这里边也可以介绍做酒店的背景,在介绍的时候,也是最好用数据说话,拿出一组数据论证酒店在当下市场的优越性和可行性就可以了,有本地的数据最好。

（2）然后再简单介绍酒店发展预期：年收入大概多少钱，年投入大概多少钱，年利润大概多少钱，这是投资人最为关心的财务数据，PPT里应该有个大概预算，预算可以不那么精确，但必须得有。

（3）需要融资多少钱：这个可以单列出来说，向投资人表明具体的诉求。

（4）简单介绍众筹模式：例如拟筹20个股东每股3万元、产品机制为等额返卡、5年不倒闭、同股同权等，描写这部分的时候越简单越好，不要叙述太长，只要说出核心就行。

（5）说明产品机制：这可能是投资人最关注的点，如果有等额返卡，就要着重说明一下酒店有多么得好，例如可以展示一下效果图，描述一下酒店装修、设施、设备、配套等的优良性，让投资人感觉到自己拿卡消费不会吃亏；如果设计有财务回报，那么就要结合盈利来简要说明，每年盈利多少、多少年能回本、投资人能获得多少分红等（切记不要向社会不特定对象承诺分红）。这里可以不用说得那么详细，因为路演只是展示项目的环节，有没有盈利信心以后投资人们都会再聚一起论证考虑。

（6）发起人团队介绍：介绍发起人与酒店的相关经历，这个很重要，有酒店相关的经验是吸引投资很好的理由，如可能，也可以说明需要吸引有酒店经验的投资人，把该优势筹进来。

（7）简单介绍下酒店的组织形式，是有限公司还是股份公司还是其他形式，设有股东会、董事会、监事会、职业经理等岗位，这部分不必展开说，留给以后项目拟启动的时候解决。

商业计划书的格式没有固定的要求，有的可以是书面几张纸，有的可以是做成PPT，如果真不会写的话，可以把它当作写小学的作文一样，描述清楚主要内容就行了。具体是何写法可以不拘一格，但只要能写出精华，重点突出，让人一读就明白，就算达到效果了。

现在人们都讲究"极简主义"，办事都尽量提高效率，如果发起人几分钟就能把项目说明白，那么项目就十分可靠了，笔者建议在现场展示PPT时，说话时间不要超过十分钟，只捡精华的说，最好在上场前提前排练一下，告诉投资人四个信息：①你有什么；②要做什么；③你需要什么；④怎么给回报，其他的可以交给以后提问和现场讨论环节，这样就是一个水平较高的路演展示了。

二、商业计划书配套合同的几个法律审查要点

众筹需要商业模式，在实施商业模式的时候需要配套的合同文本，例如约定公司的股权架构、表决机制、合伙人进入和退出机制，这时候就得运用法律的技术和功能做事情了，目的是让项目规范运作，尽量不触碰法律，也不犯低级错误。

律师做的基本工作之一就是起草、审查或修改、审定合同，但作为众筹项目来讲，不能只做合同而不顾及其他，毕竟合同只是几张纸，它的主要功能还是为项目运行服务的，不了解项目运作就拟定合同，其功能就会大打折扣，将失去合同的意义。

合同方面主要先了解以下内容，这也是众筹发起人也要着重考虑的环节：

（1）众筹用什么组织形式？是有限公司、股份公司，还是有限合伙企业等形式，不同的组织形式会直接影响股东股权的架构、进入和退出机制、以后的发展规划。

（2）众筹运作的内容是什么，或者说众筹的经营范围是什么，这个主要是了解一下经营范围是否在国家法律允许的范围内，不要涉及非法经营等问题。

（3）了解每个发起人的背景信息，例如工作经历是否与众筹项目有关、发起人的资产资信、发起人是中国人还是外国人、发起人的年龄、发起人有无正在发生而未结或将要发生的法律争议等。

（4）众筹里的产品或消费内容是否在国家的法律法规范围内、是否属于特许经营的产品、是否需要国家相关机关审批、是否是违禁品、是否有发展前景等。

（5）拟吸收股东多少人？例如有限公司50人，股份公司200人，合伙企业50人，个人合伙原则上也不应超过200人等。

（6）拟融资额度多少钱？在融资方面，法律对拟融资额度没有限制，但如果是巨额融资时，例如几百万元、几千万元、上亿元的

项目，就需要慎重从事了，这在前期要尽量做个法律尽职调查和论证，如果数额一多就会很容易引起社会和法律的关注。

（7）了解下项目当地的政策和风土人情，这不仅是律师应该考虑的，也是发起人应该着重考虑的内容。因为好的项目不一定在全国都能"开花结果"，可能在这个地方奏效，换了地方就事与愿违，如果遇到当地习惯不允许就应当绕道而行，特别是当地政府如有特别规定，那么就应该尽早掌握。

（8）如是线上众筹，相关的投资人门槛设置、投资警示及风险告知、资金的第三方监管等措施是必备功能，如是线下众筹，各股东的工作、收入、家庭、纠纷等也要做基本了解，特别是融资的风险告知书、问卷调查等也是标准配置。这方面可以借鉴一下金融机构的相关做法，目的是降低投资人的风险，把项目做靠谱做稳当。

以上这些是最基本的点，了解了以上情况后会提高起草和审查合同的效率，发起人做项目也会省心些，这样即便进度慢一些也比项目隐患大要更划算些。如果发起人遵守的规矩多了，以后股东也会照此习惯做事，诚实守信也都会在以后工作中的点点滴滴中体现出来。

三、商业计划书示范文本

商业计划书的范本在网上有很多种，这里仅提供笔者总结的标题索引，不再展开做介绍。

×××项目演示介绍

1. 介绍发起人
2. 发起人介绍项目
3. 项目的内容
4. 发起人需要什么
5. 回报是什么
6. 发起人能做成这些项目的资格和理由

（1）这个项目是发起人研发的，例如有核心技术和行业优势等；

（2）这个项目发起人有××年的从业经验（包含成功和失败的，着重讲失败，然后再讲从失败中悟出的体会，并怎么把这些体会

应用到这个项目,最好 5 到 10 句话讲完)或者其他特长;

(3) 项目的其他合伙人,然后介绍下合伙人各自特长;

(4) 这个项目的中层执行团队,然后介绍下团队成员特长,着重介绍一下团队以往的实操经验;

(5) 引用行业数据说话,如有当地数据最好。

第二节 众筹融资风险提示书

一、关于"市场风险"的写法

先表明本次融资的资金用途是什么,例如:本次公司融资主要用于酒店类经营,因为酒店类属于实体企业,所以会受政治因素、经济因素、市场因素、交易制度等方面的影响,从而会导致酒店经营与预期发生变化,从而产生风险,具体如下:

(1) 政策风险:政府政策、产业政策、城市建设政策等会对项目运行产生直接的影响,导致市场及项目变动,从而产生不确定风险。

(2) 逾期收益风险:商业计划书仅是对项目进行的预估性描述,在实际运行中可能会因市场、经营等因素,从而产生误差,遇到以上情况时以实际收益为准。

(3) 行业风险:受行业政策及发展影响,项目会直接或间接产生波动,在此范围内产生的风险为合理风险。

二、关于"管理风险"的写法

经营和管理被誉为是每个企业必备的两个支撑,缺了任何一个都不行。管理者有的是由股东自己担任,有的是由公司外聘职业经理人来担任,因为公司有法人地位独立的特征,所以管理者的安全更应该得到保护。管理者虽然尽职尽责,但都不能保证达到公司预期的效果,特别是在发起人作为管理者时,更要对管理者给予相应保护。

对管理风险可以这样界定：本次公司融资由发起人及相应股东发起进行，该融资行为亦是全体股东一致同意的意思表示，项目发起人（管理人）由全体股东委托行使相关权利，其在作出投资或管理决定的时候，运用的技能和方法不能保证一定会达到预期的结果。

三、关于"信用风险"的写法

现在社会讲究信用、讲究互信，诚信做事在商业活动中变得越来越重要，人与人交往实际上也是建立信任的过程。前几年发生的担保公司危机，就是因为之前没有健全的信用系统。所以，在众筹融资中，有必要把信用风险也作为提示的内容之一，目的是让大家都明白在制度或系统还不健全、不完善的情况下，有些风险即使预见到了，但还无法一一解决；也有些风险属于人性风险，这不仅是在保护发起人，也是在保护投资人，让两者对该风险都有个了解，避免因误会而造成不必要的伤害。

具体写法如下："信用风险"是指众筹发起人是否能够执行项目的预期计划，为众筹股东尽心尽责的风险，或者众筹股东中是否有人隐瞒相关资产和信用情况，登记不实的风险。以上风险属于项目自身固有的风险，不因该风险的发生和未发现而造成众筹发起人承担相关民事和刑事责任。

第三节 发起人备忘录

一、发起人备忘录的写法

备忘录的内容有很多，主要是记载公司发起人和股东想要或将要办理的相关事项，这里先说一下在项目前期酝酿阶段的事项。在这个阶段需要公司核心发起人商量启动事宜，所以在公司发起人之间需要有个基本框架协议，主要解决授权核心发起人操作设立公司的具体事项。例如授权核心发起人签订租房协议、签订律师服务合同、进行项目路演、进行商务谈判等事项。

备忘录里还要写明授权：核心发起人使用发起款项，发起成功该款项算作公司出资计入成本，如发起失败则由发起人均摊的约定。同时注明授权期限自本备忘录签署之日起至公司营业执照办理完毕后结束。

这个阶段的备忘录实际上有发起人协议的功能，在发起人之间是一个很好的凭证。备忘录没有固定的写法，具体采用哪种格式，大家可以灵活运用，把重点事情写明即可。

二、发起人备忘录示范文本

发起人备忘录示范文本

经发起人某某和某某一致同意，拟发起设立公司进行项目运作事宜，现决定委托某某作为代理人全权处理公司设立及相关其他事项。

授权范围（包括但不限于）：代为签订租房合同、签订律师服务合同、进行商业谈判、进行项目路演策划、设立公司签署文件等相关法定权利。

如设立公司成功，三个发起人缴纳的出资算作公司股金，如设立公司失败，三个发起人对设立公司所产生的费用进行均摊。

本备忘录自发起人签字之日起至公司设立获得营业执照之间长期有效。

发起人：
×年×月×日

第四节　发起人授权委托书

一、发起人授权委托书的写法

发起人备忘录签署后，就要开始公司设立期间的工作。这时候对公司的当下和未来都有了基本规划，例如，已经确定了公司的名称、住所、经营范围等，便需要发起人对外进行活动。这一阶段公司还没有成立，没有公章，无法以公司名义开展活动，所以就需要先选出个发起人代理人。在对外方面，发起人主要进行工商注册登记、签订租房合同等，为了保护发起人和相对方的安全，也为了保护以后公司的利益，应当给发起人代理人出具委托书表明权限和资格。

二、发起人授权委托书的示范文本

授权委托书

经全部发起人商量后，拟发起设立"_____公司"（暂定名），现经全体发起人一致同意，决定委托某某作为代理人全权处理公司设立及其他相关事宜。

代理权限：特别授权（包括但不限于），代为进行工商注册登记及委托代办公司、签订租房合同、签订律师服务合同、进行商业谈判、进行项目路演策划、设立公司签署其他文件等相关法定权利。

本委托书自委托人签字之日起至公司设立获得营业执照之间长期有效。

委托人：
×年×月×日

第五节 发起人协议

一、发起人协议的写法

发起人协议是公司设立前期必备的法律文本,主要功能是确定公司和发起人之间、各发起人之间的相关工作内容。发起人协议和以后的公司章程都是办公司必不可少的文件,两者的功能有些重合和相似的地方,只是有前后之分。发起人协议是在公司注册前,其功能处理的是发起人之间的事情;而公司章程是在注册公司完成后,其功能处理的是公司和全体股东、全体股东之间的事情,从内容上来讲,公司章程承载的内容会多一些,在实际操作中,往往都是两者一起参照遵守。发起人协议市面上的格式文本也有很多,这里仅提供一些写作的思路供参考使用。主要写明:发起人的名称和人数、出资、出资到账期限、拟设立公司的概况、设立费用的代理使用人及承担等情况。

二、发起人协议示范文本

发起人协议

遵照我国《公司法》及有关法规规定,本着平等互利的原则,经各发起人友好协商,为设立某某项目事宜,一致决定共同发起设立某某公司(以下简称公司),特签订本协议书,作为各方发起行为的规范,以资共同遵守。

本协议于×年×月×日由下列各发起方在 签署:

甲方:×× 电话:

乙方:×× 电话:

丙方:×× 电话:

第一章 公司宗旨与经营范围

1.1 本公司的中文名称为:"_____公司"。

1.2 本公司的住所为:_____。

1.3 本公司的组织形式为:_____。

1.4 本公司的经营宗旨为:_____。

1.5 本公司的经营范围为:_____。

第二章 注册资本

2.1 本公司的注册资本约为人民币_____元整,各发起人全部以现金出资,其中甲、乙、丙的出资额_____万元已经出资到位。因为本项目涉及项目融资活动,会吸收其他股东,以后公司的股权结构由本协议发起人另行约定。

第三章 发起人的权利与义务

3.1 发起人的权利

3.1.1 申请设立公司随时了解本公司的设立工作进展情况。

3.1.2 签署本公司设立过程中的法律文件。

3.1.3 审核设立过程中筹备费用的支出。

3.1.4 推举本公司的执行董事或董事长候选人名单,执行董事或董事长任期三年,任期届满可连选连任。执行董事或董事长任期届满前,股东会不得无故解除其职务。本公司设执行董事或董事长。本公司总经理由执行董事或董事长提名,股东会聘任,任期三年,可连聘连任。

3.1.5 提出本公司的监事候选人名单,经本公司股东会按本公司章程的规定审议通过后选举产生,监事任期三年,任期届满可连选连任。本公司设监事一人。

3.1.6 本公司成立后,足额缴付出资的发起人有权要求公司向股东及时签发出资证明书。出资证明书应当记载下列事项:

(1) 公司名称;

(2) 公司登记日期;

(3) 公司注册资本;

(4) 股东的姓名或者名称、缴纳的出资和出资日期;

(5) 出资证明书的编号和核发日期。

出资证明书由公司盖章。

3.1.7 在本公司成立后，按照国家法律和本公司章程的有关规定，行使股东权利、承担股东义务。

3.2 发起人的义务

3.2.1 按照法律规定和本协议的约定，将认购本公司股份的资金及时、足额地划入为设立公司所指定的银行账户。

3.2.2 及时提供本公司申请设立所必需的文件材料。

3.2.3 在本公司设立过程中，由于发起人的过失致使公司受到损害的，对本公司承担赔偿责任。

3.2.4 发起人未能按照本协议约定按时缴纳出资的，除向本公司补足其应缴付的出资外，还应对其未及时出资行为给其他发起人造成的损失承担赔偿责任。

第四章 筹备、设立与费用承担

4.1 在本公司设立成功后，同意将为设立公司所发生的全部费用列入本公司的开办费用，由成立后的公司承担。

4.2 在本公司不能成立时，由各发起人平均分担发起费用。

4.3 公司的筹备工作由全体发起人共同进行，在筹备期间各出资人应根据情况合理分工，以保证筹备工作的顺利进行。

4.4 筹备期间筹备人员不计报酬。

4.5 各发起人预先交付的股金可作为开办费用，待公司正式成立后由公司承担。

4.6 筹备期间的筹备工作安排由某某统一调度，各发起人应积极予以配合。

4.7 全体发起人一致同意，在筹备期间委托某某作为代理人对外开展筹备工作，例如签订租房合同、签订律师服务合同、进行商业谈判、进行项目路演策划、设立公司签署文件等商务活动。

第五章 本协议的解除

只有当发生下列情形时，本协议方可解除：

5.1 发生不可抗力事件。

5.1.1 不可抗力事件是指不能预见、不能避免并不能克服的客观自然情况，不包括政策法规环境的变化、社会动暴乱的发生、罢工等社会情况。

5.1.2 不可抗力事件发生后，任何一方均可在事件发生后的三天内通知对方解除本协议，并各自负担此前有关本协议项下的支出。

5.2 各方协商一致同意解除本协议，并已就协议解除后的善后事宜作出妥当安排。

第六章 争议的解决

履行本协议过程中，发起人各方如发生争议，应尽可能通过协商途径解决。如协商不成，任何一方均可向法院起诉。

第七章 协议的生效

7.1 本协议一式六份，自发起人各方签字或盖章后生效。

7.2 如无相反证明，本协议首部列明的日期即为本协议签署的日期。

第八章 其他

8.1 本公司的具体管理体制由本公司章程另行予以规定。

8.2 未尽事宜，发起人各方应遵守诚实信用、公平合理的原则协商签订补充协议，以积极地推进本公司的设立工作。

全体发起人签名：
×年×月×日

第六节 出资证明书

一、出资证明书的写法

按照我国《公司法》的规定，股东出资的，在公司成立后应当以公司名义向股东签发出资证明书，该证明书实际上就是股东的股权凭证，类似于上市公司的股票，都产生身份凭证的法律效果。

好多企业家还不明白公司财产和股东财产之间的关系，有的人认为："公司既然是我出资办的，那么公司的财产就是我的财产"，这种认识在当下企业家里是主流认识，特别是中小微企业家们，对此更是一知半解。这个回答可能只说出了"股东行为"，但答案并不全对。根据公司原理，公司地位和股东地位相互独立，当股东把钱出资给公司后，这些钱就算作是公司自己的注册资本了，归公司所有，如没有经过相关程序，股东是不能把钱再拿回来的，否则就可能会牵涉抽逃出资和侵占方面的处罚。在股东出资后，他对公司享有的是股东权利，或者也可以称为"主人翁权利"，最简单的理解就是可以分得公司红利，出资证明书也可以认为是股东可以分取公司红利的权利凭证。

出资证明书的写法很简单，把必备的几个内容写出来就行了，例如公司名称、公司成立日期、公司注册资本、股东姓名、出资额和出资日期、出资证明书的编号和核发日期等。

如果有必要，可以在出资证明书上注明"未经法定程序不得转让字样"，这从法律上来讲，是在防止股东的权利滥用。

注意事项：在出具时，上边加盖的章是公司印章，不是股东印章。出资证明书是公司签发给股东的，不是股东签发的，如果股东自己加了章，可能就要承担个人责任，切记！

在第一轮融资中，出资证明书是发给发起人的，到第二轮时，需要向各股东签发，如果股东一多，管理起来就会有难度，所以有必要对退出机制做出提前安排，避免影响项目进度。有的人是这样做的，约定在一定期限内，如果一人退股，其他股东同时退股，这样可以增强项目的稳定性。

二、出资证明书示范文本

出资证明书

1. 公司名称：
2. 公司成立日期：
3. 公司注册资本：
4. 股东姓名：

5. 出资额：

6. 出资日期：

7. 出资证明书的编号：

8. 核发日期：

本出资证明书未经法定程序不得转让，解释权归公司股东会或董事会享有。

公司盖章：
×年×月×日

第七节 认股意向书

一、认股意向书的写法

作为核心发起人，能证明其身份的是共同签署的发起人协议，而第二轮融资进来的股东，虽也可以称为发起人（在公司还未设立前都可以称为发起人），但其作用更多的是项目股东的身份，所以能证明其权利的应当是认股意向书等文件材料。

认股意向书除了能证明股东身份外，更多的是保护核心发起人，避免掉"师出无名"的集资风险。认股意向书一般是在项目路演后可以由有意向的人签署，然后交发起人会议审核，看看哪些人符合项目的初衷和目的，其作用有点类似于选择合伙人的功能，这里需要提醒的是认股意向书不要向社会公开宣传，否则很有可能会触犯法律，特此告知！

认股意向书应当载明以下内容：①设立公司的目的；②招收股东的原因；③收取股金的数额；④缴纳股金后所带来的效果是什么；⑤公司如设立成功后股东的身份；⑥公司如设立失败后股金应如何处理；⑦充分提醒告知条款。

二、认股意向书示范文本

认股意向书

为了……，现拟设立××公司（暂定名），经营范围为……等活动，最主要目的是为了进行……项目的升级，故在前期需寻找理念一致、有学习和拼搏精神的投资股东若干名，每人股金人民币×万元，如有意愿参加项目，请在文书上签字，由发起人会议商讨确定。如公司设立失败，该股金如数原路退回；如公司设立成功，即视为公司股东，届时将签发出资证明书证明权利。

商业有风险，投资需谨慎。本意向书不作为任何保底分红的回报承诺使用，以上条款已清楚知悉，确认无误后请签字确认。

认股人：

×年×月×日

第八节　微信实名认证书

一、微信实名认证书的写法

在众筹实务中，也包括其他公司实务，企业家在经营公司的时候都会开各种会，都会有给各股东发通知和其他资讯的信息，例如公司的经营信息、活动信息、股东会和董事会会议通知等。在发送讯息的时候，如果公司股东人数少则很好沟通，但如果公司股东人数众多，达几十个甚至上百个人时，如果挨个通知耗时会比较多，特别是打电话通知的时候，更是费时费力。现在是互联网时代，要充分利用互联网技术来服务我们的生活。微信是目前国人用得最多的通讯方式之一，里边的通话、发信息、视频等功能，应用最广。所以有必要时可以把公司资讯在微信群里通知给大家，起到治理公司的作用，以采用虚拟的空间达到实体的效果，这一点我国的《电子签名法》在很早以前就有所规定。

因为微信是一种虚拟的网络通讯工具，要想让它产生实体的效果，就需要让实际使用人来确认各自的专属微信号，类似于手机号实名注册、填写家庭地址通讯一样。从法律上来讲，在股东之间如果实际确认过后就产生接收的实体效果，这将大大节省公司的经营成本和提高通知效率。但在实践中，从实务角度考虑，如果有的股东没有在微信群里回复，还是要再打个回访电话的，毕竟没有回话的仅是少数，这个工作量也不是很大，务必要让先进的科学技术配套上原有办事习惯，达到接地奏效的效果。。

下面是微信实名认证书的范本，这不仅可以适用于众筹项目，也可以应用于传统公司治理，一般在召开首次股东会的时候宣读一下规则，让参会股东都签字确认，如股东无法到场委托代理人时，代理人签字也具有相关效力。

二、微信实名认证书示范文本

微信实名认证书

公司实行微信实名认证制度，功能主要是便于公司事项通知及行使表决、经营和管理等权利，现特对各股东一一告知。本公司微信群号为：_____，各股东一致确认在该微信群内的微信号是本人的实名认证号，认证后即产生通知、接收、表决和确认的法律效果。

在微信群所发出的通知具有我国《公司法》上规定的效果，一般包括但不限于以下内容：1. 公司近期的活动资讯；2. 经营资讯；3. 管理资讯；4. 股东会、董事会、监事会召开日期、地点、内容通知等事项；5. 股东会、董事会、监事会在该群内的召开过程、表决过程和表决结果等。

在微信群内的发言和表决视为各股东的真实意思表示，产生我国《公司法》上开会及体现股东权利和义务的效果，各股东将微信昵称修改为自己的实名确认，如微信使用发生变更或者丢失时，应在情况发生后 3 日内书面通知本群通知发布人，如未通知视为未变更或未丢失。

微信群通知发布人为：_____（微信号：　　　　　）

股东签字按指印：_____（微信号：　　　　　）

认证时间：×年×月×日

第九节　租房合同

一、租房合同的写法

在工商局办公司登记的时候，工商局会要求公司提供经营场所，这个经营场所是《公司法》上的硬性要求，法律规定每个公司都要有个办公场所，才具备对外经营和对内管理的资格。在确定经营场所时，一般有两种渠道，一种是拿自有房产作为办公场所，一种是租赁别人房屋作为办公场所，例如租赁写字楼等。

拿自有房产作为办公场所的，要界定清楚这个房产和公司资产之间的关系，即这是公司的资产还是股东的资产，法律上讲究股东资产要和公司资产相分离，不能混同。有的企业家搞不明白这个道理，以为自己是公司的股东，公司的就是自己的，自己的也是公司的，这种认识会让自己背上公司的债。按照法律规定，公司的债应该由公司还，股东把自己的出资赔完即可，除此之外不能被"株连"。比如公司注册资本为 100 万元，一个股东出资 20 万元，当有债务时，股东赔完 20 万元即可。所以，为了有效规避这方面的风险，股东要搞清楚，自己拿房产出资，是租给公司还是作为自己的出资给公司，前者所有权还是自己的，后者所有权就归公司了。实践中，一般前者的比较多些，租给公司后，由公司按照市场价格折合出资。

如是租赁别人房屋的，就按照正常的租赁办理就行。关于租赁房屋的一些要点在本书中已经做了介绍，这里不再赘述。如果是做不盈利的平台众筹，筹的是圈子和人，那么在选租赁场地时就要考虑一下租房的成本，这是公司里边耗费最大的财务成本之一，如果是旺铺区，那么这个成本将会直接影响到公司以后的经营。"一流地段、二流位置、三流价格"是很好的一个选房标准，基本上综合了选房的优势。

二、租房合同示范文本

租房合同

甲方（出租方）：

乙方（承租方）：

甲方愿意将房屋出租给乙方，做_____用途使用。双方根据国家相关法律、法规，经协商一致，订立本合同。

第一条　房屋的基本情况

1. 房屋坐落地址：_____。

2. 使用面积约_____平方米，具体以现场使用情况为准。

第二条　租赁期限

租期_____年，自_____年_____月_____日起至_____年_____月_____日止。

第三条　租金及交纳期限

1. 第一年：付全年租金共_____元，须在当年____月__日和__月____日前，分两次付清。

2. 第二年：付全年租金共_____元，须在当年____月__日和__月____日前，分两次付清。

第三年：付全年租金共_____元，须在当年____月__日和__月____日前，分两次付清。

3. 本合同租金是为日后成立的公司使用，现先由代理人即乙方代为签订，待公司成立后自动确认公司为承租方，由公司支付租金费用，甲方对此情况已明知并在本合同签字确认。

4. 甲方提供的房屋消防、水电等已通过部门验收，可以正常使用，如因此原因而影响乙方使用应担责。

5. 甲方提供租金的接收账号、户名、开户行为 _____。

6. 在租赁期内，甲方不再调高房租，按本协议价格执行。租赁期满后，乙方如仍需承租房屋时，仍按本协议价格执行。

第四条　租赁期间房屋装修及修缮

1. 乙方如需对房屋进行装修时，对承租房屋的装修施工方案或门头的设计施工方案，提前报甲方协商，甲方同意后在施工方案上签字确认。

2. 租赁期满，乙方的装修物、动产由其拆除，附着于墙面的油漆、装饰等无法拆除的，经乙方同意或按照残值进行作价后归甲方所有。

3. 甲方提供的房屋装修现状，是本合同的一部分，已包含在租金范围内，例如桌椅板凳、投影仪等家具器材，由乙方完全使用，详细情况由双方签订清单明示。使用期间发生的损耗属自然损耗，由甲方承担。

4. 房屋使用期间，乙方预算花费____元左右对房屋进行装饰装修。

第五条　各项费用的缴纳

1. 物业管理费：已包含在租金内。

2. 电费：由乙方自行缴纳（水表底数为_____度，电表底数为_____度，此度数以后的费用由乙方承担，直至合同期满）。或双方另行协商确定。

3. 使用该房屋进行商业活动产生的其他费用均由乙方缴纳（其中包括承租方自己申请安装电话、宽带、有线电视等设备的费用）。或双方另行协商确定。

4. 租赁押金：第一次缴纳租金的同时，承租方应向出租方支付押金_____元。该押金在租期到期后，在无拖欠租金、物业费的情况下应予退还。

第六条　在租赁房屋的经营活动中，出租方应当履行下列义务

1. 甲方有义务在签署协议前，向乙方出示所承租房产真实有效的权属或处分证明、租赁协议等。

2. 在承租期内，甲方承诺不将店面对外转让或改变用途从而影响乙方使用租赁场地。

3. 在消防及相关主管部门审批方面，甲方须保证能够让乙方顺利开展本协议中的经营活动，如影响乙方活动无法使用房屋时，参照本协议第八条进行处理。

第七条　在租赁房屋的经营活动中，乙方应当履行下列义务

1. 乙方有义务在签署协议前，向甲方提供其真实有效的身份证件或营业执照等合法证件，并交复印件加盖公章于出租方存档。

2. 按约定时间缴纳租金，缴纳租金困难须经甲方同意。

第八条　出租方与承租方的变更

在本合同履行期间，为保障乙方正常使用房屋，甲方以不对外转租或转让房屋为原则，甲方如需将整体房屋再行出租或转让时应当提前90日告知乙方，并应告知乙方使用房屋的现状，以不影响乙方正常使用为基本原则。

如影响乙方正常使用时应经乙方同意，如违反以上约定，其转让行为造成乙方无法正常使用等损失时，应当诚实守信承担赔偿责任，赔偿责任标准包括但不限于以下损失：1. 本合同约定的3倍房屋全部租金；2. 装修费用；3. 营业费用；4. 人员工资；5. 再找房屋的费用；6. 乙方的注册资本金等。

第九条　违约金和违约责任

1. 在本合同租赁期内，甲方承诺不解除本合同，否则应赔偿违约金和其他损失，违约金参照本合同约定的3倍房屋全部租金计算。

2. 乙方在对承租房屋的使用过程中，如发生房产损坏，乙方应按通行市场价格进行赔偿。

3. 甲方的联系人及电话是_____，乙方的联系人及电话是_____，如发生人员变动、电话变更，双方应通知对方，否则视为本合同联系方式未变。

第十条　续租

1. 乙方若要求在租赁期满后继续租赁该处房屋的，应当在租赁期满前 30 日通知甲方，甲方原则上同意续租，双方应当重新订立租赁合同。

2. 租赁期满，乙方享有同等条件下对房屋的优先租赁权。

3. 如遇政府拆迁等行为时，依照现行政策法规办理。

第十一条　免责条件

若租赁房屋因不可抗力的自然灾害导致损毁或造成甲、乙损失的，双方互不承担责任。

第十二条　争议处理方式

本合同在履行过程中发生的争议，由双方当事人协商解决；协商不成的，可依法向人民法院提起诉讼。

第十三条　补充与附件

本合同未尽事宜，依照有关法律、法规执行，法律、法规未作规定的，双方可以达成书面补充合同。本合同的附件为本合同不可分割的组成部分，与本合同具有同等的法律效力。

第十四条　合同效力

本合同自双方本人或其法人代表或其委托代理人签字并加盖单位公章或合同专用章之日起生效。本合同正本一式二份，双方各执一份，具有同等法律效力。

出租方（签字或盖章）：　　　承租方（签字或盖章）：
法人代表（或委托代理人）：　法人代表（或委托代理人）：
联系电话：　　　　　　　　　联系电话：
×年×月×日　　　　　　　　×年×月×日

第十节　股权代持协议

一、股权代持协议的写法

当下是公司繁盛的时代，越来越多的人开始办公司创业，特别是大学生们，有的在学校里就开始实践摸索，期待着毕业后能够有所作为。也有些社会上已经就业的朋友，手里有些闲钱，希望能让财富不断地升值，就和别人一起尝试性地合伙做生意，还有一批人，就是"科班出身"的生意人，那是民营企业里的主力军。

办公司做企业需要到工商局办备案登记，有些人由于自己生意、工作、身份等方面的考虑，不方便显名登记，就会以别人名义登记，让别人代持自己的股份，这就叫"股权代持"。"股权代持"的情况非常常见，在法律方面允许做代持，前提是不要损害国家、社会和他人利益，否则可能会无效。在股东人数很多的项目里，有的人不方便露面，所以股权代持就很有必要作为一项内容给予完善。

2014年出台的公司法司法解释对股权代持作了规定，大意说，找人代持股份可以，但在想恢复股东登记时，如果隐名股东和其他股东没有提前作出约定，在表决时没有超过其他股东过半数同意，那么股东登记就变更不了，隐名股东的名字就没法登记在工商局的资料上。这是一个新规定，很多企业家们都不知道，会很容易造成公司被动和股东被动，所以应该在章程里把这个写上去。

在具体实务中，假如股东们都同意去恢复实名时，税务机关可能会按照股权转让对待，会要求交付个人所得税等，这就是司法规定和行政规定出现不衔接的情况，建议有代持想法的对这一块要多加留意。笔者建议如有资本市场发展的项目不要搞代持，如果只是普通民间的项目可以考虑进行代持，但要同时评估下成本。

还有一个需要注意的是：我国《婚姻法》规定婚后的财产如没有特别约定就属于夫妻共同财产，假如有人代持你的股份，经过工商登记公示后，从公示方面来讲，该股份就属于代持人夫妻的共同财产，可能会影响公司和其他股东的利益，所以基于《婚姻法》的规定，就有必要在签股权代持协议时，顺便也让代持人一方的配偶也签个字。在让配偶签字的时候要讲究艺术，不要说得太生硬，以免影响夫妻感情，表达时可以这样说："公司开完会后，为便于工作需要家属支持表态，现在请家属来签个字"。这样就不会造成夫妻之间谁也不信任谁的尴尬，签字配偶也能理解。

二、股权代持协议示范文本

股权代持协议

甲方（委托人）：
乙方（受托人）：
根据《民法总则》《合同法》《公司法》等相关法律法规之规定，甲、乙双方经平等友好协商就甲方委托乙方代为持股事宜达成协议如下，以兹双方共同遵照执行。

一、委托事项

甲方自愿委托乙方作为自己对_____公司____%股权的名义持有人，并代为行使相关股东权利，乙方自愿接受甲方的委托并代为行使相关股东权利。

二、委托权限

甲方委托乙方代为行使的权利包括：由乙方以自己的名义将委托人持有的代表股份作为出资在_____公司股东名册上具名及工商登记机关备案，作为公司股东身份参与公司相应活动；代为收取股息或红利；出席股东会并行使表决权；行使公司法与_____公司章程授予股东的其他权利。

三、委托期限

从____年____月____日起至甲方解除本协议之日为止。

四、甲方的权利与义务

1. 甲方作为上述投资的实际出资者，对____公司享有实际的股东权利，并有权获得相应的投资收益，乙方仅得以自身名义将甲方的出资向_____公司出资并代甲方持有该投资所形成的股东权益，而对该出资所形成的股东权益不享有任何收益或处置权（包括但不限于股东权益的转让、质押）。

2. 在委托持股期限内，甲方有权随时将相关股东权益转让到自己或自己指定的任何第三人名下，涉及的相关法律文件，乙方须无条件同意并承受，在乙方代为持股期间，因代持股份发生的相关税费（包括但不限于与代持股相关的投资项目的律师费、审计费、资产评估费等）均由甲方承担，乙方将代持股份转为以甲方或甲方指定的任何第三人持有时，所产生的变更登记费用由甲方承担。

3. 在委托持股期间，若_____公司发生增资扩股之情形，甲方有权自主决定是否增资扩股。若甲方通过增资、送配股等形式获得_____公司的新增股份，依照本协议的约定并入代表股份一并由乙方代持。

4. 甲方作为代表股份的实际拥有者，以代表股份为限，实际享有_____公司的股东权利，承担股东义务（包括但不限于股东权益、重大决策权、表决权、查账权等公司章程和法律赋予的全部权利）。

5. 作为委托人甲方负有按照公司章程、本协议及公司法的规定进行增资，以人民币现金进行及时出资的义务，并在其出资额限度内承担一切投资风险。

6. 甲方作为代表股份的实际所有人有权依据本协议对乙方不适当的受托行为进行监督与纠正，并有权基于本协议约定要求乙方赔偿因受托不善而给甲方造成的实际损失。

7. 甲方有权指令乙方按照甲方的要求行使股东权利。

五、乙方权利与义务

1. 未经甲方事先书面同意，乙方不得转委托第三方持有上述代表股份及其股东权益。

2. 作为公司的名义股东，乙方承诺其所持有的公司的股权受到本协议内容的限制。乙方在以股东身份参与公司经营管理过程中需要行使表决权时至少应提前3日以书面或电子邮件方式通知甲方并取得甲方书面授权后方可行使表决权。乙方应当将每次表决后的结果书面告知甲方。

3. 乙方承诺严格按照本协议约定代甲方持有股权并善意、谨慎、勤勉、合法行使代持股权有关的权利义务，维护甲方的合法权益；乙方应当将甲方应得的投资收益（包括但不限于分红收益、分配的剩余资产及其孳息、现金股息和其他收益分配）及时交付给甲方；不得侵占或截留甲方应得投资收益、优先认购新增注册资本、分配剩余资产的权利等利益及其孳息。乙方承诺将在获得该笔投资收益后2日内将该笔投资收益划入甲方指定的银行账户，如果乙方不能及时支付应向甲方支付每日3‰的贷款利息之违约金。

4. 未经甲方授权，不得擅自转让、处置代持股权及所有收益，不得在代持股权上设置抵押、质押、担保或其他任何限制或可能限制股权的义务，也不得实施任何可能损害甲方利益的行为，否则乙方除向甲方返还资产、赔偿损失外，还必须承担侵占甲方资产的相关刑事与民事责任。

5. 未经甲方书面同意，乙方不得擅自处置公司资产。

6. 遵守法律、行政法规和公司章程，依法行使股东权利。

7. 如由于乙方债务纠纷，而导致其名下股权被他人通过司法途径强制处分时，乙方必须对由此给甲方造成的所有直接和可预见的间接损失承担全部责任。

8. 如乙方因代甲方持有股权遭受经济损失，甲方应全额赔偿。

9. 在代持期间如甲方需将代持股份转移至甲方或甲方指定人员时，乙方需无条件配合、协助。

10. 乙方应当按照诚实信用原则适当履行受托义务，并接受甲方的监督。

11. 如需将代持股份质押给甲方时，乙方予以同意并协助。

六、甲方、乙方声明

设立_____公司的资金、增资、现在和将来的运营资金及对外投资的所有资金系甲方投入或_____公司融资产生［即便是该资金是以乙方名义已经投入（融资）或将来投入（融资）］。乙方不投入任何资金。

七、协议的终止

1. 在协议履行期间，_____公司出现依照法律法规和公司章程规定不能存续的事项时，包括但不限于_____公司解散、撤销、破产等，本协议继续有效，直至_____公司注销公司登记时终止。

2. 本协议解除或终止的，各方应依照法律、公司章程和相关规章制度及本协议的规定办理相关法律手续，妥善处理好各方权利义务关系，尽最大可能保障甲方利益。

八、协议的承继

乙方发生不能履约的情形时，包括但不限于将乙方自己的股权全部转让、丧失或部分丧失民事行为能力、宣告失踪、死亡或宣告死亡、被依法追究刑事责任及公司规章制度规定的其他情形，本协议中应当由乙方承担的全部权利和义务由甲方或甲方指定的新受托人承继并由承继人作为新受托人与甲方重新签署委托持股协议，乙方不再承担本协议项下的权利和义务。

九、保密条款

协议双方对本协议履行过程中所接触或获知的对方任何商业信息均有保密义务，除非有明显的证据证明该等信息属于公知信息或者事先得到对方的书面授权，该等保密义务在本协议终止后仍然继续有效，任何一方因违反该等义务而给对方造成损失的均应当赔偿对方的相关损失。

十、违约责任

本协议生效后，如乙方不履行或不适当履行受托行为或违反本协议的约定给甲方造成损失的，乙方应当承担赔偿责任，包括一切直接或间接的损失（违反本协议第5条第3款的，按照该条款的约定承担违约责任）。

十一、争议的解决

凡因履行本协议所发生的争议，甲、乙双方应友好协商解决，协商不能解决的，双方同意提交委托方所在地人民法院诉讼。

十二、其他事项

1. 本协议未尽事宜，各方可通过书面补充协议方式予以明确，补充协议与本协议具有同等法律效力。其他未约定事项按照《民法总则》《合同法》《公司法》等相关法律法规之规定执行。

2. 本协议一式叁份，经双方签字（盖章）后生效，甲方执两份，乙方执一份，具有同等法律效力。

甲方：　　　　　　　　　　乙方：
联系方式：　　　　　　　　联系方式：
　　　　　　　　　　　　　×年×月×日

附：乙方的身份证复印件、乙方配偶意见同意乙方代甲方持有_____公司股份，本协议所约定代为持有的股份不是我们夫妻共同财产并不继承签名及日期。

第十一节　法律意见书

法律意见书是律师的专业文书之一，一些特许公司要求必须有律师事务所出具的法律意见书做依据才能核准，比如上市公司、基金公司等。

法律意见书主要依照法律规定审核项目公司的合法合规性，基金业协会对基金公司有额外要求的，还必须审查其特殊部分，例如章程、股东构成、有无关联关系等。

众筹融资因为有融资模式设计，谁也不想也不愿意去碰集资红线，所以很有必要聘请律师对众筹模式进行法律论证，从根源上进行合法保障，不要偏离方向走向深渊。

对于规模小的众筹项目，法律意见可以是口头形式，例如消费众筹、平台众筹、公益众筹，它们牵涉的利益因素不太大，再加上项目简单，律师听完后基本上会有个大概的判断。但一些必要的基础资料还是要向律师出具的，要想追求相应安全，最好请律师出具一个书面的法律意见书，作为参考依据使用。

如果项目复杂，这里不仅需要律师的法律意见书，还要聘请律师进行尽职调查，甚至每次融资活动、股东会议都要邀请律师参与或论证，务求依法经营，合规合理。

众筹中的法律意见书，应当以众筹模式为参考资料，对众筹模式的合法性进行审查，包括项目合法性、融资合法性两大块，其他还有股东构成、竞业限制等，都要进行详细考虑。如有必要，法律意见书出具后，各发起人可以人手一份，集体领会和学习法律意见书的分析意见，有疑惑部分可以请律师解答，把项目的商务问题和法律问题有益地结合起来，如有违法成本时，可以让请律师做一个违法成本预算，这样项目才可能更全面、更健康向前发展。

好多企业家做公司、做项目时还没有聘请律师的习惯，这个习惯得慢慢改善，不要等到官司出现了再去找律师，在融资项目里最大的麻烦就是被定性为"非法集资"，到那时候再去找律师就真的有点晚了。

鉴于法律意见书的书写要求比较专业，属于律师特有的技术文书，并且需要加盖律师事务所印章和律师签名后才可以生效，所以如有需要时可以聘请专业律师制作，这里就不提供范本参考了。

第十二节　众筹章程的写法

我们已经进入了公司时代，大街上都在合伙做生意或者招聘合伙人。前几年市面上比较流行股权设计和股权激励，这是公司发展和管理的重要组成部分。在学完股权设计和激励后，就要回到公司落地做事了，需要股东们签个协议确定下来，这个协议就是公司章程，也可以叫股东协议。从法律上来讲，如果改变了公司的基本事项，例如公司出资、股东人员、股权架构等内容，那么就相当于对公司章程做了修正，这时签的股东协议就相当于章程修正案，是公司章程的一部分。

怎么预防股东对法律规定不了解而产生的公司纠纷和股权纠纷？除了学习《公司法》外，绝大部分的解决方案就在公司章程里。去工商局注册登记的时候，工商局要求提供一份章程，这个章程可以去网上下载范本或者是找代办公司代理，其实这个章程范本只有一个功能，就是帮助拿到营业执照，至于《公司法》上的具体规定还有公司股东以后如何相处，章程范本里并没有写到。现实中有很多失败案例都是因为股东对章程不重视或对有些重大事项没有约定和约定不明，进而产生纠纷，而法院在处理纠纷的时候参考的重要依据之一就是章程的约定。基于这个现状，笔者研发了一个创新型的法律产品叫章程宝，课程里边设计了很多的章程条款，每一个条款对应一个失败案例的解决方案，主要就是告诉企业家们怎么能让合伙人之间好好相处、股东怎么去和公司相处、怎么去和高管相处、怎么管理和经营公司，目的是想让企业家不产生"官司"，不让企业家走别人已经走过的弯路和错路，把精力都集中在赚钱上。笔者一直在线下课程里强调，企业家的本职工作是盈利，不是去打官司。如果股东们能好好相处，那么打官司的概率就会降低很多，这也是笔者说章程为什么这么重要的原因之一，因为承载公司和股东命运的文件，只有公司章程，别无他物。

一、关于公司梦想

众筹项目和传统项目有点区别，传统项目基本上有融资和经营两种功能，但众筹项目不单单是为了融资和营利，还有其他功能，例如搭平台、筹圈子、做公益等，所以它的章程和传统的写法不太一样。

章程是每个公司必备的材料，当下企业家们在注册公司的时候，还没有现代化的公司管理习惯，所以对章程基本上都不怎么上心，往往就是拿个范本填个内容。但实际上章程的作用远不止于此，除了注册公司领取营业执照外，还有许多功能，例如股东会和股东怎么相处？怎么分利润？怎么发展公司？怎么管理团队等，现在很流行的"公司控制权"，就来自和体现在章程里。

众筹因为具有股东多、融资的性质，所以更应该把章程写得具体一点，多约定些能够落地的内容，对公司长远来讲，是有好处的。

公司章程第1条，实际上是在描述公司的梦想，即设立公司的目的是什么，这个在笔者研发的章程宝里有说到过，这实际上是设立公司的根本动机，即设立公司的目的是什么、将来要走到哪里？这个条款很重要，以后公司何去何从，都将以它为参照，所以这也是指引公司全体股东前行的纲领。即：为了……，达到……，全体股东依据公司法的约定，设立本公司，特立此章程，共同遵守。

这是基本的写法，具体内容是什么可以根据情况灵活填写。这个问题问得多了，股东就会知道为什么要办公司了。例如"为了销售汽车，达到销售汽车盈利""为了销售楼房，达到销售房产盈利"等，销售汽车和楼房并最后盈利就是设立公司的目的，如果公司长时间没有盈利，或者没有去销售汽车和楼房，而是去做其他类的项目，在发生方向错误的时候，就符合解散公司或者撤销董事会董事职务的条件，对创始股东来讲，是个很好的保护条款。

接下来还要交代一下，公司由哪几个发起人发起，以及描述下公司的商业模式，例如：公司采取众筹模式发起设立，该模式是全体股东参与、探索、实践的结果，既能享受权益，也能承担责任，即风险共担、利益共享，并无任何保底和分红、盈利方面的承诺，互不承担任何集资风险，为便于经营管理，特制定本章程。

这款是区别于传统公司章程的条款，它描述了公司的来历，特别是告知了公司的商业模式，目的是让其他股东对公司有所了解。众筹属于新兴事物，未来发展得怎么样大家都不知道，因此从对股东负责的角度来看，很有必要提前告知商业方面的走向：可能收益，也可能亏损，股东们都要有面临和承担风险的准备，这也符合《公司法》的精神。

众筹有融资的功能，因此存在集资风险，所以这个也要在股东之间说明，假如股东人数多，在开股东会的时候，有必要把这条说清楚，明确融的钱都是用于公司的注册资金。从公司内部来讲，在股东之间也有互相融资行为，但不是集资行为，这样可以排除股东的顾虑，以便能够按照《公司法》的规定合法合规办事。

二、关于章程修正条款

工商局要求每个企业在注册的时候，都要交一份章程，有了章程后才会发给营业执照，有了营业执照后企业才能算是有了"户口"。工商局是国家行政机关，履行的主要是行政管理和准入职能，营业执照发完后，以后公司怎么经营就都交给股东自己，由市场来决定公司的命运。一般各地方工商局都会在自己的网站上公布一些章程范本，现在章程可以自由免费下载，然后各股东签上名字后就可以办理注册登记了。

在定章程的时候，股东们可以在章程范本上写上自己的条款，也可以直接套用，实践中后者偏多些。传统公司在设立之初，可能股东人数就是1到5个人，这些人很好管理。在众筹项目里，股东人数可能会多一些，股东人数如果一多或者公司经营的项目和模式特殊时，就有必要增添一些适合自己的条款。如果企业用的是范本，而工商局又不让添加新的东西，这种情况不要担心，拿到营业执照经营后，可以再私下签一个章程。这个私下签订的章程，法律上叫章程修正案，是对原章程的修改和补充。法律规定，如果章程规定和章程修正案不一致的话，以章程修正案为准，但违法犯罪的除外。这相当于增加了股东可以灵活掌握公司的自主权。

所以有必要在章程第2款写上：本章程是股东的真实意思表示，如与工商局登记不一致时，以本章程为准。

法律规定，在做章程修正的时候，有限责任公司需要代表公司2/3以上表决权的股东才能通过，所以在股东会结束后签署章程的时候，要统计一下应到多少人、实到多少人、到会的人代表表决权的比重，然后当众宣布一下，达到这个标准时章程修正案就能生效了。

三、关于名称和住所

公司的名称和住所，是法律要求章程里必备的条款，名称起得好不好，地址选得对不对，无形之中会影响到公司的前程。

很多初创达人都问过笔者一个问题，有限责任公司和有限公司有什么区别？它们其实没什么本质区别，只是叫法不一样而已，二者概念基本一致，这个在《公司法》里有说明。

"起公司名字"跟"起人名"差不多，有讲究的人在起名时会做些功夫，往往会参考些"五行八卦"方面的知识，希望可以令公司前程似锦。在众筹里，因为众筹大都承载着股东的情怀和感情，所以在起名字的时候也不应随意，给公司起名字，这是在公司项目前期做的工作,所以由发起人来起最为合适,起的名字应该能代表公司的基本特点,如果还无法确定,就让发起人会议确定。

在找公司地址方面,应该找个"一流地段,二流位置,三流价格"的地方,这实际上也是对公司成本和经营的一种结合平衡。一般情况下,公司都是用租赁的方式来选办公场所,租赁合同主要考察出租方是否有出租权、产权是否清晰、水电供应、消防管道是否达标、房屋有无装修租赁、房屋是否有不良负债、出租人是否有不良负债等,如果项目特殊,可以委托律师对以上方面做尽职调查,降低相关经营风险。

公司住所地将来如果有变更,可以根据项目情况,及时去工商局办理变更登记,现在工商局要求严格,如果发现未办理变更,可能会影响公司的商誉和项目进展。

了解完以上设计背景后,就可以放心地写上一句话了:

公司名称为_____公司,住所地位于_____。

四、关于经营范围

公司经营范围是章程中的必备条款,也是公司梦想的具体体现,即设立公司具体应该做什么事。原《公司法》规定:公司超出经营范围的经营活动无效,2005 年修改后的《公司法》规定:超出经营范围的不一定无效,除非违反法律、行政法规的强制性规定,这是在鼓励公司做生意,以增加经济活力。

在众筹里,如果筹的是一个平台,那就尽量在工商局的许可范围内多列些经营范围,这样做的好处是可以为公司多增加些盈利点,另外众筹有集资的风险,如果列得少,超出部分很可能会成为办案机关审查的重点。如果公司以后真超范围经营了,第一个办法是开股东会修改章程,增加经营项目并办理工商变更登记,第二个办法是设立新的公司,独立做其他范围的业务。

把握好经营范围还有个功能,它有助于列明"竞业限制"要求,即公司董事和高管在公司经营期间不能做与公司相同或相竞争的业务，以防损害公司利益。如果把经营范围列得清楚了，就可以很好界定公司的业务种类和内容，这也是向董事和高管们阐述业务、表明立场，这样既可以保护公司也可以保护高管，免得以后产生不必要的矛盾。还有，经营范围如果可能，尽量不要写得太笼统，也不要用兜底条款去描述，即："包含某某和其他应做的项目"。

关于经营范围的条款制定，各位随后可以根据各自的项目定位填写：

本公司的经营范围为：＿＿＿＿＿＿（具体可以参照工商局核准的经营范围目录填写）。

五、关于注册资本

公司的注册资本，是股东的实际出资，也是公司经营的资本。

2013年《公司法》把注册资本由"实缴制"改成了"认缴制"，即注册资本可以不用一次性缴清，先缴一部分，在认缴期限内把剩下的慢慢补齐。这种模式可以极大激发创业热情，加快公司创富的步伐。在公司注册资金方面，不管是实缴还是认缴，法律都要求股东必须把钱最终缴齐，即"维持公司资本不变"原则，只有公司资本不变了，才能更好地对外交易和做承诺，保护债权人利益，保证公司永续经营。

在注册公司的实践中，还有个规定，如果想以"省、市"名称开头给公司命名，必须达到一定注册资本，例如以某"市"开头的话，要求不低于1000万元人民币，这就给公司注册增加了难度。一旦同意了以"市"命名，那么认缴的钱就必须得缴，如果不缴就相当于"欠款"，在公司清算的时候必须补齐，如果不补齐，在有债务未付的情况下，债权人可以越过公司要求公司股东在补齐范围内承担个人偿还责任。

所以在股东大会上，要向股东介绍公司的背景，让股东们都知道注册资本的来历和将来的走势。具体写法如下：

公司注册资本为：_____元人民币。为便于公司注册，首期认缴资本_____元，剩余_____元出资在某某期内缴齐。各股东的出资为：甲出资_____元，占____%股份；乙出资_____元，占____%股份。

六、关于股权架构

股权设计和股权激励很重要，股权事关公司也事关股东，公司运行得好不好除了公司经营外，很大一方面跟股权架构有直接的关系。股权架构就像是高楼大厦的主体框架，股东住进了这个大厦里，各自有自己的房间，如果框架不稳，会影响整个运营。

摆在众筹融资里最大的一关就是股东人数，因为众筹的核心功能是聚多人的力量完成一个人的梦想，这个"多人"到底是多少人？拿有限公司和股份公司来讲，目前的规定是"不得超过50人和200人"，这个200人可以是自然人，也可以是法人（即公司入股），"法人股东"可以较好地设计股东人数。

这里介绍一些实践中的做法，实践中很多都是按照设"持股平台"的方法来做，即公司由"法人股东"构成（法人股东以公司身份出现），在一个"法人股东"里面装50个或200个股东。例如项目公司如果由4个有限责任公司股东组成的话，在每个有限责任公司里装50个自然人股东，那么就相当于达到了筹200个自然人的目的，但在公司登记里只有4个法人股东出现，并没有超过200个自然人，这就是很多公司用"法人股东"的初衷之一，除了规避股东人数外，还有一个好处就是可以提高公司的决策效率，在某些事务方面只需要公司股东加一个章就行了。下边具体介绍一下怎么做：

（1）一种模式是项目公司用有限合伙企业注册，有限合伙企业里边再装一个法人股和一个或N个自然人股，法人股出现主要是以普通合伙人身份出现，普通合伙人承担的是无限连带责任，但普通合伙人又是有限责任公司形式，而根据《公司法》的规定，有限责任公司只承担有限责任，这样就规避了无限责任。

（2）还有一种模式是项目公司以有限公司出现，有限公司里边装有限合伙企业和一个或N个自然人股东，有限公司本身就是有限责任，即使是有限合伙企业有投资，也不会摊上无限责任的事，在这种情况下，所有的对外经营或投资都是以有限公司名义开展。设立有限合伙企业的目的是为了加快决策的效率，因为有限合伙企业没有法人资格，只要内部几个合伙人开个会委托某个人加盖公章就可以了。

（3）股东人数如果不多，建议设立一个有限公司就行了，这里奉行的做法是：怎么方便怎么来，不必拘泥于别人的做法，适合自己的才是最好的。

（4）掌握以上做法后，举一反三，能设计出很多种股权架构，例如有限公司里装进有限公司，股份公司里装进有限公司等。实践中，一个小的众筹项目没有那么复杂，大项目需要长远考虑，小的项目只要能保证合法经营、不欺骗股东，向股东负责就可以了。

以上架构确定后，需要在章程里写上这段话：

公司由二个股东组成，一个是某某（公司），该公司股东持股_____%、一个是某某持股_____%。

七、关于组织机构

公司的组织机构、产生办法、职权、议事规则，这些都是《公司法》要求公司章程里必备的条款，公司的组织机构最基本的就是"三会一总"，即股东会、董事会、监事会、总经理，股东会是权利机关，行使决定权；董事会是决策机关，并办理其他日常事项；监事会行使审计监督职能；总经理是执行机构，具体负责执行。这些机构都是公司的标准配置，如果公司业务不错、股东人数多就应该设置，并应激活和运转这些机构功能。

这里需要说明的是股东会虽然有"所有权"，但它不代表"所有的权",它的权利主要是分流给董事会等组织机构行使,而这些机构的权利自然也独立,不能互相干涉,这是好多企业家认为股东会的权利就代表"所有的权利"的误区认识。从简化程序方面考虑,可以借鉴《公司法》第37条的一些通常做法,将股东会的职权和功能作为章程条款使用,如果以后每个项目有具体变化了,可以再作调整:

股东会由全体股东组成,是公司的权力机构,行使下列职权:

(一)决定公司的经营方针和投资计划;

(二)选举和更换非由职工代表担任的董事、监事,决定有关董事、监事的报酬事项;

(三)审议批准董事会的报告;

(四)审议批准监事会或者监事的报告;

(五)审议批准公司的年度财务预算方案、决算方案;

(六)审议批准公司的利润分配方案和弥补亏损方案;

(七)对公司增加或者减少注册资本作出决议;

(八)对发行公司债券作出决议;

(九)对公司合并、分立、解散、清算或者变更公司形式作出决议;

(十)修改公司章程;

(十一)公司章程规定的其他职权。

由股东自行确定,可以根据项目情况增加特殊条款,例如:①审议股东的提案;②审议批准公司对外担保、投资事项等;③对公司聘用、解聘会计师事务所、律师事务作出决议;④审议批准公司最近一期所签合同超过经审计后公司总资产百分之几的合同。

以上是笔者想到的一些特殊条款,简要列举了出来。每个公司都有自己的特殊性,特别是众筹项目,各自的特点都不一样,具体写什么,结合自身制定就行了。

八、关于会议召集人

股东会是全体股东的权利大会,在公司还未成立前,一般多是几个核心发起人开会商量，发起人开的会也可以叫作发起人会议，在项目前期，主要做的是公司设立阶段的事情。

当找到了预计的公司股东，公司设立后，就要开一次股东之间正式的会议，也就是公司法上说的"股东会的首次会议。"按照《公司法》的规定，首次会议应当由出资最多的人召集和主持。在平台众筹里，如果是同股同权，那么发起人和其他股东的权利基本一样，不存在谁出资多少的情况，所以由发起人召集和主持最为合适。所以章程中可以这样写：

"股东会的首次会议由项目发起人召集和主持"。

九、关于股东表决权

很多平台众筹里会设置"同股同权"的模式，它的好处是不让权利过分集中，防止"一权独大"影响公司的和谐。

但世间没有完美的事物，任何事情都有优缺点。从公司管理和决策方面来看，这个设置有天然的短板，就是权利过分分散，没有集中统一性，这就给发起人们带来了新的课题，即怎么解决这个短板。目前想出的方案就是要先统一股东的思想和发起人要尽心干活，这是项目必须要做的内容，只有思想统一后大家做事才能步调一致，才能发挥众人圆梦的功能，在这个工作里有人性和技术的双重考量，工作量相当得大，这也可能是众筹难做的原因之一。

以上是用律师思维在思考问题，如果换成企业家思维来看，企业的本质功能是赚钱和盈利，如果项目盈利了，那些跟随的股东自然不会管到底由谁来掌舵。在平台众筹里，本身筹的是人和资源，等额返卡基本保证了本金价值，保证了投资人能在这个圈子里有所收获，这也是平台众筹好做的原因之一。

由于股权过分分散，所以还是有必要把股权集中一下，《公司法》中有股权代持的规定，股东可以把自己的股权交给另外一个人代持，并且行使表决权利。所以在开始就应该把这点给各位股东说清楚，因为股东人数较多时，开会很难——凑齐，就很有必要把表决权重新配置一下。

笔者曾经有个想法，能不能把股东会的权利授权董事会或董事行使？有的人认为股东会和董事会是两码事，不能混为一谈，如果这样就架空了股东会，也和法律精神不一致。那么，股东会的权利能不能委托给董事们行使？笔者认为完全可以，股东会的职权本身来自于股东的股权，如果股权由董事代持并行使表决权，董事就相当于代理人的身份，当然不违反《公司法》的规定，只要把股东各自委托给哪个董事，每个董事代持多少人股份，占多少股比的名单统计好就行了。从理论上来讲，股东会把部分职权委托董事会行使也完全可行，只要不涉及那些重大事项，即"修改公司章程、增资、减资、合并、分立、解散"。

当然，股东也可以委托其他股东来表决，如果董事即是股东时，这样更加简便快捷。

所以关于公司表决权方面，章程可以这样写：

股东会会议的部分表决权委托、授权董事会行使，董事会表决规则按照人数决，过半数即视为通过，具体董事会成员见本章程条款，股东会会议的部分表决权即除修改公司章程、增资、减资、合并、分立、解散以外的其他事项。

十、关于召开股东会的日期

公司每年都要开股东会，按照《公司法》的规定，有"临时会议"和"定期会议"两种，这实际上是在规范公司经营和运营行为，在会议上可以展现出公司的近况，方便股东知晓和决策。《公司法》规定，会议召开前，要提前15天通知各股东，给各股东准备的时间，这个15天是必备天数，如果少于15天开会，会议的效力可能就会有所影响。

"定期会议"可以设计成一年开一次，股东大会应该是决议重大事情的会议，没有必要经常开，所以定的是每年开一次。开会的时间可以定在每年的1月中旬，这个时间可以起到承上启下的作用，1

月正好是前一年 12 月的收尾,便于上一年度工作的完结,1 月又是每年的开始,可以重新讨论和布置新年的任务。

临时会议的召集人是"代表 1/10 表决权的股东、1/3 以上的董事、监事会",这是《公司法》的规定,实践中只有突发事件或者出现僵局的时候才会使用。

具体写法如下:

股东会会议分为定期会议和临时会议。召开股东会会议,应当于会议召开 15 日以前在微信群里通知全体股东,股东签署《微信实名认证书》后入群。

定期会议按(每年度的×月×日)定时召开。代表 1/10 以上表决权的股东。1/3 以上的监事提议召开临时会议的,应当召开临时会议。

十一、关于董事会

董事会和董事是公司的中坚力量,在公司决策和经营方面,起到承上启下的作用。有些企业家朋友经常问笔者什么是董事会?什么是董事?通常,董事会是负责公司经营决策的,股东会是负责公司所有权的。在股东会里的人叫股东,是公司的主人,在董事会里的人叫董事,是公司决策干活的人(有的股东也可以兼任董事,既是主人又是干活的人)。以上划分的方法,来源于公司的所有权和经营权要分离的法定原则,所以才有了股东会和董事会的设置,但在实践中,基本上都是企业家一个人说了算,既管股东会又管董事会,或者索性就不去设股东会和董事会,采用"钥匙印章挂腰间、大小事务都来管"的方式。笔者建议小公司或者一人公司前期可以这样搞,但从长远来讲,这不是公司永续发展的路子。

董事会的职权,基本上是来自于法律规定和股东会的授权。即股东会开会定下来做什么后,下来具体怎么做就由董事会来决定,即股东会负责决定,董事会负责制定计划,这是二者最基本的分工。

所以,《公司法》第 46 条列举的董事会职权,基本上可以复制到章程里，如果有特殊要求的，可以单独再添加。

需要补充一点，众筹项目中，股东的人数较多不利于决策。所以在开完股东会后，股东会可以授予董事会行使股东会一定的职权。除了上文那六个重大事项外（即修改公司章程、增资、减资、合并、分立、解散），可以增加一款：除非有特殊规定，公司股东会本年度的权利都授权由董事会代为行使，公司的一切业务活动和事务都应在董事会的指导下进行，董事会在年度报告里向股东会报告工作。具体授权如下：①决定公司对外投资收购和出售资产、资产抵押、对外担保、关联交易等事项；②决定公司职工的工资、福利、奖惩方案；③决定公司一切业务的开展和经营等。

众筹项目里缺的是办事的人，股东出的是顺手的力，所以真正的担子还是由董事会和董事来挑。这样设计主要是为了简化公司的决策程序，把事情交给具体办事的人来做，这是有利的一点。但也有一些弊端，即授权后，董事会可能权利比较大，会有损害到股东权利的风险，但世间没有完美的事物，凡事都有优缺点，具体用还是不用，还需结合自身灵活掌握。

十二、关于董事定义

好多企业家都还不知道什么是董事？简单地说：董事是股东会选举产生负责办理公司经营事务的个人。

在公司原理里，股东可以担任董事，但董事不一定非得是股东。董事可以是股东以外的人，这些人要么有技术优势和资源优势，要么是专业经验比较突出的人。最重要的一点是，董事是股东们都放心的人，是愿意把公司事务全权交给他办理的人。

董事基本上每天都要不断地运转，所以，法律上给予了董事许多工作上的职权，例如董事可以查阅公司账簿、了解企业信息、审查财务报告、获得工作报酬、出席董事会进行表决等各项权利。

现在着重说一下董事获得工作报酬的问题。在公司项目前期，大部分工作都是发起人做的事，公司如果设立完成后，需要干的活有很多，干活的人还是以发起人为主。在平台众筹里，这些干活的人都是一些甘于付出的人，如果不给其工作报酬，从情理上来讲也不太合适，从法律上来讲，也违反了公司报酬的原则。所以，很有必要在开股东会的时候，把董事的工资报酬都写出来，交给股东会讨论，例如董事的月工资是多少，每参加一次董事会的报酬是多少。还可以把董事的工资和公司的营业额挂钩，多劳多得。

因为董事的作用非常重要，所以在选任董事的时候，还要参考以下因素：

（1）董事的年龄。建议年龄最好是有梯次的，年龄太小的没有经验，年龄太大的身体和精力可能会吃不消。在年龄架构里，如果由一些年长者、有经验者和一些有朝气、头脑灵活的年轻人结合会是一个不错的选择。实践中，董事组成的人员里边应该有几个核心发起人，有的核心发起人还会担任董事长的职务。这些人是公司的"火车头"，从某种意义上来讲，把握着公司的前行和命运，所以应当保障和确认其在股东会和董事会的双重作用。

（2）董事是否必须是股东？按照公司法相关的原理，董事可以是股东以外的人，但如果公司有5名董事时，这5名董事是不是都可以不是股东？理论上回答是可以。但基本上在实践中大部分董事都会是股东，因为股东当了董事后，经营的是自家的产业，会比不是股东的董事更上心，股东会也会更放心。所以建议董事可以外聘少量人员，大部分董事还是由股东担任为宜。

（3）董事还需是有品质的人。这个品质指的是，阳光积极向上，在朋友圈里口碑都不错的人。因为平台众筹里都是在朋友圈里产生的股东，所以"口碑好"和"信誉高"是选择董事时的首要标准。

十三、关于董事的产生

上文说过董事的重要性，他是整个公司的纽带，承接上边的股东会，又具体落实下面的经理和具体事务。

董事怎么产生？这是每个公司都要做的选择，一般有四种做法：第一是由上届董事会提名；第二是由全体股东协商一致；第三是由第一、第二大股东提名；第四是有表决权的股东都有提名权。

在平台众筹里，如果都是同股同权的设置，那么采用最多的是第二种做法和第三种做法，也可以采用第三种做法后由第二种做法决定。

公司如果是刚刚成立，还没有上届董事会，董事的人员就由发起人先拟定几个出来，然后在股东会上由全体股东自愿报名参加，之后再统计报名的人选，最后由全体股东投票选举。这用的是第二种做法。

董事选举产生后，组成董事会，由各位董事开会选定董事长人选（注意：这里是董事开会选举，不是股东开会选举），董事长人选确定后，写进公司章程里。

董事任期一般是3年，如果胜任，可以连选连任。所以在章程中具体体现为：公司设董事会，成员某某、某某、某某共几人，董事任期3年，任期届满，可连选连任。

对于有些规模比较小的公司，还可以不设董事会，只选择一名董事，担任执行董事职位，这可能更简便一些。比较适合项目小的公司，具体的选举董事方法可以参照以上做法。

另外，董事如果有分工的话，也可以在章程中把各位董事的职责和分工都写出来，例如：董事某某具体负责公司的运营和对外宣传，董事某某负责公司内部财务事务。

十四、关于法定代表人

笔者经常会遇到有些企业家朋友咨询的时候，说："我是某某公司法人，要怎么办……"，其实他是想说他是公司的法定代表人，他想代表公司怎么做。

公司法人和法定代表人，这是两个不同的概念。

"法人"指的是公司本身，法律上法人也可以叫"拟制的人"，因为公司本身不会说话，但它需要对外签单经营和承担责任，所以就赋予了它"人"的资格，方便开展活动。

"法定代表人"是公司的一个职位，这个职位可以由董事长、执行董事、总经理担任，他们带着公司的授权和公章对外代表公司开展事务。这就是法人和法定代表人最基本的区别。

在办公司时，股东需要选一个法定代表人，这不仅是法律的要求，也是公司的需要，需要一个人来代表公司履行职务。法定代表人的人选一般由公司章程规定，《公司法》并没有强制要求谁来提名、谁来当选，而公司章程则由全体股东制定，所以法定代表人的人员由股东选定比较合适。

实践中，一般是由发起人推选合适人员，然后在股东会上表决通过。法定代表人的人选可以由股东担任，也可以由非股东担任，他们在公司应该同时担任"董事长、执行董事或经理"的职位，这是公司法上明确要求的条件。

法定代表人是一个职位，担任这个职位的人是自然人。虽然公司的特点之一是有限责任，公司责任不能摊到个人身上，但法定代表人身份特殊，有些特殊情况可能会让法定代表人承担责任。例如在债务执行中，公司如果没有财产或者不配合执行时，法院就会让法定代表人担责，比如给其录入不良征信系统等。所以很有必要把法定代表人的免责条款写进章程，毕竟这是为公司干事情，不能叫个人"出力不落好"而打击其积极性。

法定代表人因为是自然人担任，自然人都有自己的思想和活动。法定代表人在工商局注册后，对外具有公示的效力，所以有些文件必须本人亲自到场签订后才能产生效力，例如法定代表人的变更等，本人如果不到场就变更不了。有些法定代表人有自己的"思想"后，可能会和公司的梦想有偏差，会不愿或不想履行公司职务，所以应该设个兜底条款，假如法定代表人缺位、怠于或无法履行职责时，由监事或监事长代为履行其职责。这样就能很好解决无人履行公司职务时的缺口。

法定代表人都是股东选出来的人员，他对外代表公司履行职责，代表的是全体股东的利益，想的都是怎么给公司和股东谋福利，所以对其工作要坚定不移地支持和鼓励，在章程中对其正常开展公司职务的行为要有个免责条款，能让其有安心苦干的准备。所以应该在章程上写上以下几点：

（1）董事长或执行董事或总经理为公司的法定代表人，法定代表人由某某担任。

（2）在法定代表人缺位、无法或怠于履行职责时，由监事长或监事暂时代理法定代表人职位。

（3）法定代表人对外正当履行职责造成公司损失时，并不为此承担个人责任，除非其行为构成徇私舞弊、玩忽职守、重大过失或故意损害公司利益。

以上条款既是保护法定代表人，又是在对法定代表人提工作要求，这都在法律和情理的范围内，既能让人理解又有利于公司的运行。

十五、关于董事、监事、高管

董事、监事、高管是每个公司层面最重要的岗位职员，是公司经营的主要力量。

前文已经介绍过了"董事"，"监事"，就是监督股东会、董事会进行活动的人员，有点像纪律监督委员会，在公司利益遭受损失时，可能会以自己名义进行维权，保护全体股东的利益。

"高管"就是高级管理人，美国先引进了高管制度，后来在全世界推行，也就是现在的职业经理人。高管可以是总经理，也可以是财务负责人，或者是各部门负责人，还包括律师、会计师等，这个可以由公司章程自由约定。即使你不是股东身份，但进了公司章程就被视为高管，就意味着也受公司章程约束和管理，而不是拿工资的外聘人员。

董事、监事、高管来到公司，绝大多数是为了执行工作任务，而因为工作上的疏忽，可能也会给公司带来损失。有个案例，有个人来公司要账，是这个公司的董事长接待的。董事长也没有查看要账人的工作证件和手续，就在账单上签了字，结果被骗走了10万元。经公司股东会讨论，董事长因为犯了工作上的重大错误，导致公司被骗，最后由董事长个人赔了公司10万元。在履行工作职责的时候，董事长和其他工作人员一样，都有最基本的注意义务，特别是身居要职的高管，更应该尽到责任心，否则就要担上个人责任。

同时《公司法》司法解释还规定董事、监事、高管等负有保管公司资料义务的人员，如果因为工作疏忽应该制作而未制作、应该保存而未保存公司资料，给股东造成损失的，由该人员承担赔偿责任。

这些资料就是公司经常用到的，但是在实践中却很容易忽视的材料，比如股东会记录、董事会记录、监事会记录、财务会计报告、公司章程、股东名册、公司债券存根。

有个案例，有一家公司被另一家公司接管，接管的公司发现被接管的公司在接管前基本被做空，所以要求查阅被接管公司的股东会会议纪要、财务会计账簿等资料，结果被接管公司的高管们拿不出来。因此，接管公司向被接管公司的高管们提起了诉讼，最后法院认为这是高管们的基本义务，也是基本工作，因为其工作失误而造成公司财务混乱或者资产流失，应当负有工作上的赔偿责任，判决董事们和高管们赔偿10万元。

董事、监事、高管是为公司和股东们兢兢业业做事情的人。是公司的核心团队成员，对他们应该好好保护，不让团队受到损失，所以在制定章程的时候，应当有如下几条：

一、董、监、高岗位条款

本公司董事长为＿＿＿＿＿＿＿＿，监事为＿＿＿＿＿＿，总经理为＿＿＿＿＿＿＿＿；财务负责人为＿＿＿＿＿＿＿＿＿。

二、资料保管条款

公司以下资料由××负责保管：公司章程、股东会名册、公司债券存根、股东会决议、董事会决议、监事会决议、财务会计报告、会计账簿等。

三、董、监、高职务谨慎条款

董事、监事、高级管理人员行使职权、作出决策时，必须以公司利益为标准，不得有疏忽大意或者重大过失，以适当的方式并尽合理的谨慎、技能和注意义务，履行自己的职责。

四、财务集体决议条款

公司实行财务集体决议制度，付款由董事长、财务负责人共同签字审核确认（这一条是针对刚才的案例而设置的条款，如果当时董事长签完字后，又有财务负责人签字的话，那么可能就不会发生损失了。财务负责人也是公司高管之一，在对外付款时也应有基本的注意义务，所以让这两个人同时签字就很有必要）。

十六、关于股东婚姻

股东的婚姻状况可以影响公司上市或者经营，为了不发生大股东离婚影响公司经营的情况，可以设计一些条款保护公司内部的稳定性：

经全体股东一致同意，各股东在公司里享有的股份，该股东配偶并不具有当然享有权。如遇股东离婚当时或以后，该股东配偶并不具有公司股东身份而进入公司股东层；股东离婚后的股权善后情况，由全体股东与配偶方另行协商确定。

这样就可以很好地设置一个防火墙，保持公司原有股东的结构。当然，如果公司其他股东同意其配偶可以成为股东的话，那么就要做新的约定了。

十七、关于股权代持

关于股权代持一般应重点考虑以下三点：

（一）提前说好需要恢复实名时怎么处理

假设公司有两名股东，张某和王某，张某不方便露面，于是就找李某代持其股份，让李某和王某在工商局资料上登记。公司法和司法解释规定，隐名股东如想恢复实名时，必须经其他股东过半数通过才可以。张某如果想要恢复自己股东身份在工商局名册上，就需要王某的同意，如果王某不同意，张某就拿不回股权。同理，李某如果急需退出工商局登记，没有王某的同意，李某也退不出。

为避免这种情形发生，建议写上一条：

公司如有股权代持情形时，应被代持方请求，需要恢复实名时，本公司股东均同意工商变更并予以配合。

(二) 内部怎么保护好被代持人的实体控制权

股权也具有公示的效力，如果登记在工商局，对第三方来讲，代持人李某就是公司的股东，所以李某对外所产生的行为就具有相应效力。虽然在张某和李某之间的代持行为有效受保护，但该保护不能对抗善意的第三人。所以应该多考虑一下在这种情况下怎么保护张某的利益。

建议写上一条：

涉及公司经营的管理材料、各项会议记录、税务、权属证明、印章等交被代持人保存。

(三) 如出现代持人侵权时，怎么进行救济？

建议写上一条：

如代持人出现不良行为损害被代持人权益时，应向公司或被代持人承担赔偿责任。如选择公证处公证或将被代持股份质押给被代持人时，公司其他股东予以配合。

设置该条的初衷主要是结合司法实务的需要，着重保护被代持人的权利。选择去公证处公证和去工商局质押股权，主要是为了防止恶意第三方的侵权。因为从法律上来讲，公证和质押股权都具有相应的对抗效力，可以有效地降低外来的风险，当代持人与恶意第三人串通去损害被代持人利益时，就会受到有效阻碍。其他公司股东当然对这两个办法要予以配合，协助办理相关手续。

十八、关于利润分配

企业家创办公司的目的是营利，公司盈利后分配利润，这是基本的逻辑。但是，有好多公司在制定章程的时候，都没有制定利润分配的规则，最后造成股东之间的僵局。

赚钱不分钱的原因在大股东和小股东对公司的分歧上。大股东考虑的是公司的长远发展，小股东考虑的是自己的投资回报，大股东希望公司经营得越长越好，小股东则希望投资尽快回本并盈利。这就造成股东在是否分钱方面会有不同的想法，如果意见达不成一致时就很有可能会造成矛盾。在众筹里，姑且把发起人看作大股东，把其他股东看作小股东，虽然是同股同权，但是各自的期许有所不同。

假如矛盾出现后，想分钱的一方诉至法院，在没有利润分配方案的情况下，极有可能得不到支持。

为避免出现这种情况，可以在章程中规定：

（1）股东会授权董事会制作利润分配方案，并经董事会表决通过，通过方式采取一人一票方式进行。

（2）在每一会计年度终了时要制作财务会计报告，并经会计师事务所审计后送交各股东。

笔者在线下讲课的时候，很多企业家认为自己有利润分配方案，即"每年年底结算利润"。严格地来说，这不是一个详细的利润分配方案。如果说得太宽泛，就无法落实。

建议在制作利润分配方案的时候，着重考虑这几点：分配时间、方式（现金还是实物）、比例（按股份比例还是贡献大小比例）、人员（分给全体股东还是部分股东）等。分钱的依据要以会计师事务所的报告为准。

十九、关于特殊的退出机制

股东对自己的股权都有自由支配的权利，股权有收益和转让两个方面。众筹平台是全体股东发起设立的公司，里面汇集了股东的情感和思想，不单单包含商业利益，最重要的是团结和价值观一致。

假如有的人思想不一致，很可能会影响到其他股东的信心，进而影响到公司的经营。因此对一些不利思想应该防患于未然，在章程中增加一条：

> 因公司的运营模式处于探索阶段，全体股东应理念一致携手共进，如有任何一股东做出不当言论、行为而损害公司团结发展和利益时，经股东会作出决议，决定该股东是否应该退股。本条款作为章程条款特别明示。

能不能强制股东退股，可以用符合股权转让的条件来解决，例如当符合一定情形时即符合退股条件。这里先不做技术讨论，最起码可以有个警示作用，把"丑话"先说在前头，中国人讲究"以理服人，先礼后兵"。有了这个条款，当发生意外情况时，民意都会站在条款的这一方。

笔者认为，在中国做公司，要结合实际情况，不一定非要照搬国外或者法律方面的固有规定。我们不得不承认，中国人的习惯和国外不一样。特别是在当下的国情里，全民创业都是新兴事物。大家都在边走边摸索，新的事物发展时必然带来旧习惯的改变。这是一个循序渐进的过程，不能太激进，需要在大环境下慢慢适应和改良。如果一味照搬相应制度和条款、一刀砍掉旧习惯，效果可能会适得其反，所以我们的章程应该是一个接地务实、注重现状、中国式的章程。就像有些老一代企业家们说过的话一样，"不用想得那么微观具体，在不违反路线性错误的情况下，有些事情可以边走边讨论，等到出现的时候再议也不迟"。

二十、关于三年以后怎么办

在平台众筹中，产品机制最经典之一就是"三年不倒闭"，但三年过后公司该何去何从？这不仅是发起人，也是全体股东都要思考的。

平台众筹的股东一般有两种：一种是想交友或者整合资源，或者是想认识更多的朋友，或者是寻找潜在的商机，这一类股东往往没有什么太紧迫的商业诉求；另外一种是想做些商业项目，但不完全把该赚钱作为第一需求，毕竟每股三五万元本身就不是数额多大的资金投入。

"三年不倒闭"除了是对股东的承诺外,也是对公司经营期限的约定,依据《公司法》规定,如果经营期限届满的,公司就可以宣告解散。所以,三年这一期限决定了整个项目的去留,需要发起人和股东提前商量。发起人要考虑最多的是自己发起众筹的目的是什么,不断地问自己为什么要发起众筹,只有自己想明白了才能准确地对项目定位,对公司有所交代。

发起人想明白后,基本上是权衡了很多的综合因素,既兼顾了自己的梦想、也考虑了全体股东的情怀和利益,这时候就要在股东会上示明,在章程中可以这样写:

公司营业期限暂定为三年,自公司营业执照签发之日起计算。三年期满后,经全体股东大会表决,若经代表2/3表决权的股东同意继续经营的,公司延续经营,同时商定继续经营的办法;若未能获得代表2/3表决权的股东的同意,将由本章程发起人股东决定公司最终的去留。

第八章
众筹融资法律操作指引及介绍

第一节 总则篇

一、关于商标和其他知识产权

关于知识产权保护：①提前先注册商标及其他知识产权，防止别人侵权；②在项目公司没有成立前，如自身条件有限，可以先由别家公司注册，然后转让给项目公司使用；③项目如有核心事项或技术信息，应绝对保密，凡是参与第一批众筹的股东应签订《项目保密协议》；④众筹股东找好后，商标到位得差不多了再向外公布项目内容；⑤商标注册申请基本需要 1 年左右；专利基本需要 1 年至 3 年。

有些朋友的项目可能不涉及知识产权。这部分内容适合于"技术类"和"原创类"的商业项目，例如创新产品、原创著作、创意品牌等。由于注册商标和其他专利技术周期比较长，是否使用需根据项目掌握，方便项目运作才是关键。

有些企业融资需要项目路演，在路演的时候，要介绍项目内容，这里需要把握合适的"度"。如果发起人拥有核心技术，那么在功能和用途方面就可以多说点。如果没有技术优势，只有创意优势，这时候就要有所保留。这时候可以借鉴一下"投资人保证金制度"，只有缴纳了一定的保证金才有资格看项目，达不到这个要求的就看不到项目的内容，这也算是很好地保护了知识产权。

二、制定众筹规则

众筹规则简要如下：①搞清楚众筹的目的；②明确所缺资源；③寻找并锁定众筹股东；④制定进入门槛；⑤筹多少人？筹多少钱？⑥设计产品机制；⑦搭建管理、执行团队；⑧签署投资人协议。

学过众筹架构的朋友，对这些众筹规则应该是驾轻就熟了。这几年笔者接触众筹项目发现绝大部分人认为只要是能拉进来足够多的人就叫众筹，这种理解也对，但仅是一方面。"人多"是众筹的特点之一，但众筹绝不是只要人多那么简单。人多以后会出现很多负担，比如表决负担、管理负担、分配负担等。而笔者认为，"线下众筹"里的规则就是对原有失败商业模式提出的解决方案，每一个解决方案都可以找到对号入座的失败案例。例如"筹到足够多的钱"对应的是创业公司只筹启动资金，最后因为钱不够用而破产；"三年不倒闭"对应的是"公司的经营周期不明"；"同股同权"对应的是公司股东表决权带来的控制权风险等。

所以，在做众筹项目之前，应该先认识众筹，认识清楚后再和它做朋友，这样才能知己知彼，切忌在搞项目的时候盲目照搬。

三、关于投资人门槛

投资人门槛简要如下：①投资单个融资项目的为最低注册资本不低于100万元人民币的单位或个人；②净资产不低于1000万元人民币的单位；③金融资产不低于300万元人民币或最近三年个人年均收入不低于50万元人民币的个人。上述个人除能提供相关财产、收入证明外，还应当能辨识、判断和承担相应投资风险；本条所称金融资产包括银行存款、股票、债券、基金份额、资产管理计划、银行理财产品、信托计划、保险产品、期货权益等。④符合条件的其他投资者。

以上的标准是对投资人的要求，投资人得是中产阶级，因为中产阶级的抗风险能力强。笔者觉得这个标准应该灵活运用，有些人虽然没有足够的资金，但是他有很优秀的另一面，这个另一面也可以评估作价，比如《合伙企业法》里规定的劳务出资。如果这个人足够优秀，他的劳务对项目有重要作用，那么自然也有价值，尽管在金融资产方面不达标，但也可以列入投资人行列考虑。

我国各地的经济水平不一样，对中产阶级的定位方面，有些地方是年收入 30 万元，有的是 50 万元。以上笔者列出的"投资人门槛"是参照《私募股权众筹融资管理办法（试行）（征求意见稿）》的内容，可以作为参考，但不是唯一标准。在"线下众筹"里，应该遵循《公司法》和《证券法》等法律规定，在注册公司方面对出资股东资金条件没有门槛要求，但有两个地方非常关键，"一是选对人，二是认识一致"。

四、对投资人（如是公司时）进行必要的尽职调查

尽职调查内容如下：①公司有无不良债务；②公司有无工商登记异常信息；③公司股东有无不良债务；④公司经营范围是否符合众筹项目范围；⑤公司的股东人数与项目公司人数相加是否超过 50 人上限；⑥公司的股东人数与项目公司人数相加是否超过 200 人上限。

《公司法》规定，公司也可以作为投资人对另一个项目进行出资（即法人股），所以如果投资人是公司时，有必要对公司进行相应的尽职调查。

公司的营业执照上记载了公司可以做的事情，可以规避掉"非法经营罪"的风险。在经营范围内开展业务。

投资人如果是股份公司时，公司人数和众筹股东相加如果超过了 200 人，那么这个风险就会转移，可能延伸出"擅自发行股票、公司、企业债券罪"，公司股东如果是有限责任公司，他的人数上限是 50 人；如果项目公司是有限责任公司或合伙企业形式，那么出资公司股东和项目公司相加也不应超过 50 人，否则可能会有非法经营的风险。

五、对投资人（如是个人时）进行必要的尽职调查

尽职调查内容如下：①投资人资信、资产；②了解投资人的家庭、工作、配偶等情况。

在查询资信方面，目前可供查询的网站有"中国裁判文书网""中国人民银行征信系统"，以及查询软件。

投资人的家庭成员，例如配偶对外负有外债，也可能会影响到他在项目中的股权，因为夫妻对外部债务有连带偿还的责任。相反，如果投资人享有良好的资产资信，即便他收入平平，没有很雄厚的资产，也是可以信任的投资人。

六、确定投资人的程序

具体如下：①确定特定对象；②匹配适当投资者；③项目风险揭示；④确认合格投资人；⑤投资冷静期；⑥回访确认。

以上几点是《私募投资基金募集行为管理办法》的一些要点，众筹是融资行为，道理与私募基金有许多相同之处。

（1）"私募基金"有证券行业规章做保护和指引，而"线下众筹"源自企业家的创新和创业需求，众筹在寻找投资人时，可以把"特定对象"锁定在朋友圈和亲友圈的"中产阶级"。

（2）确定完中产阶级后，可以再根据项目需求来寻找合适的合伙人。

（3）说明法律法规，重点说明项目风险，签署《风险告知书》。

（4）风险揭示后，要求投资者提供资产和收入证明，审查投资人是否超过项目法定总人数。

（5）投资冷静期。这是让投资人充分冷静，再次确认是否真正参与项目。在这期间发起人不要去和投资人接触，投资人要自主作出是否投资的决定。

（6）签署完合同后，最后一步是回访确认。可以用录音电话、信函、电邮等方式，对投资人进行最后一次风险提醒，确认投资合同内容及投资人对项目风险是否真的知晓等。确认完毕后才能正式

把投资人的款项算作公司注册资本。

七、在线上怎么进行公司治理活动

线上进行公司治理活动的步骤如下：①建立微信群，并用实名注册；②股东人数为有限公司 50 人以下，股份公司 200 人以下；③上传本人真实头像；④线下签署微信实名认证书；⑤保存微信聊天记录；⑥线下讨论时，制作备忘录；⑦参与讨论的每名股东在备忘录上签字；⑧通过以上建立信任链接。

目前的司法实务中，与非法集资相关的主要罪名共有 8 个，分别是非法吸收公众存款罪；集资诈骗罪；擅自发行股票、公司、企业债券罪；欺诈发行股票、债券罪；非法经营罪；虚假广告罪；擅自设立金融机构罪；组织领导传销活动罪。

企业家们现在最害怕的有两类事：一个是非法集资，一个是行贿。在融资领域，企业家们现在关心的就是众筹会不会涉及非法集资，有些企业家认为只要不超过 200 人就不会构成犯罪，但从法律规定来看，这个看法不太全面，以上罗列出的 8 个罪中只有"擅自发行股票、公司、企业债券罪"有 200 人限制，其他都没有人数要求。这意味着，只要行为符合其他情节，那 7 个罪还是可能会触及。

本节之所以列出以上 8 个步骤，主要有以下几点考虑：

第一，尽可能地规避风险，包括法律风险和商业风险。

第二，尽可能增加股东凝聚力，在微信群里的发言，性质属于公司内部的活动。

第三，尽可能分解项目法律风险、分解发起人的商业风险，如果股东都参与事情中了，有主人翁的精神，工作中每个人都分担了一部分，这样发起人的工作压力就会小很多。

第四，采用微信实名认证。这里的微信群主要用于设立公司和治理公司中的内部活动，目的是提高公司办事效率，这有点类似于《公司法》里边的议事规则，区别于其他犯罪行为所表现的"通过微信、QQ、短信、宣传单等方式进行的虚假宣传、保本承诺和回报承诺"。

第五，签署备忘录。备忘录类似于法律上的股东临时会议，法律上要求依据会议内容办事，现在绝大部分中小企业都缺少股东的议事习惯，但是在众筹融资里边尽量能用协议的用协议、能委托表决的就委托表决。假如股东人数比较多时，会发生众口难调的情况，如果公司只有两三个股东自然不必那么麻烦，但公司人数一多时就要养成良好的法律和议事习惯了。

八、设立项目公司的三种形式

设立项目公司的三种形式：①有限责任公司；②股份有限公司；③合伙企业。

这三种是我国目前法律规定的企业基本组织形式，其他的组织形式也有很多，比如个体工商户、农村信用合作社等。做众筹融资实际上就是在设立或运作公司做生意，这里单说这三种形式，它们在市面上可能会比较常见些。

有限责任公司股东人数1~50人，超过50人可能会涉嫌非法经营等犯罪，有限责任公司在实践中很常见，股东会、董事会、监事会是最基本的权利表决和议事机构。

股份有限公司2~200人，超过200人可能会涉嫌"擅自发行股票、公司、企业债券罪"，这是《证券法》对融资的要求，也是"不能超过200人"的由来根据。假如有的项目公司有上市需求，在设立公司形式时，必须得是股份公司的形式，国家对这方面有严格的要求。

合伙企业分为有限合伙企业和普通合伙企业两种，在股东人数方面，普通合伙企业的人数没有列明上限要求，有限合伙企业要求不能超过50人。普通合伙企业由全体合伙人对外承担无限连带责任。有限合伙企业可以由有限合伙人和普通合伙人组成，有限合伙人以自己出资为限承担有限责任，但必须得有一个普通合伙人兜底承担无限连带责任。

合伙企业只缴纳个人所得税，没有企业所得税，而有限公司和股份公司要交双重税。

这三种模式可能适应不同的项目需求，会有不同的顶层设计来规避项目风险，有些人的做法是：在有限合伙企业里，虽然普通合伙人承担无限责任，看似风险很大，但可以用有限公司作为普通合伙人入股，即"有限公司+有限合伙人"模式，这样可以规避无限责任。因为有限公司只以自己资产对外承担有限责任，假如公司资产无法清偿债务时，可以走破产清算程序，而不会殃及投资人个人。

九、在原有公司基础上出让股份

众筹融资做法一般有两种：一种是设立新项目公司，一种是在原有公司基础上出让股份。

出让股份在法律上叫增资扩股或者股权转让，这两种都是很常见的法律方案，只是因为众筹的商业模式而使它变得意义不同，带有创业创新的功能。

在出让股份前，提醒发起人一定要有个较具体的商业模式，线下众筹在这方面提倡"同股同权"，出让股份时不要超过总股份的30%。

"同股同权"是公司的股权架构。以平台众筹为例，当大部分股份集中在了少部分人手里后，就不能维护其他股东利益，可能会造成股东身份不平等和话语权不平等的情况。所以，"同股同权"要求一股只能转给一个人，多了不给，这样才能保证平等。众筹的目的是做事情，靠大家齐力做事，不是单纯的投资买股票，而是要把整个项目做起来。所以"同股同权"在这里显得十分科学，特别是在平台众筹里的作用就更大。

"股份不超过30%"，这里实际上是股权方面的知识，比如占股67%是绝对控制公司，决定重大事项；51%是相对控制，一般事务可以说了算；10%可以提议解散公司等。假设众筹出让的股份过多的话，以后公司就可能会变成别人的，就代表不了发起人最初的本意，这样就失去了众筹的意义。

"线下众筹"讲究筹对的人，用人带来背后的钱和资源。假如发起人把股份卖了一半，先不说控制权，最起码发起人的"情怀"就会变,这样会带来发起人是否还会像以往那样认真做事情,是否还具备做项目的初心等问题。这会叫投资人对项目产生怀疑。请相信,不管是传统融资还是众筹融资,投资人都不会和项目绑定一辈子,所以在项目的分工里,还得发起人占据主导。

另外,出让太多的股份不利于吸引投资人,如果股份出让完了,下一步需要融资的时候,发起人就没"本钱"了,也就没有话语权和资本了。假设项目好并盈利的话,公司在急需用钱扩展规模的时候出资人肯定不会拿自己的股份出让,所以会造成公司和项目都非常被动。

十、法律规定的其他方式

除了上边说到的组织形式外,其实还有好多种形式,例如民间个人合伙、农民专业合作社等。

"民间合伙"的概念,是老百姓可以随时自发性地联合一起做事情,这种灵活性比较大。

"农民专业合作社",这也是农民自发组成的一个互助性经济组织,按照众筹架构来看的话,成员都是农民或者农产品的生产者、加工者、运输者等,他们自己抱团合作,也有点共享经济的性质。《农民专业合作社法》颁布的时间是2006年,"农民圈子"信用度比较高,农民专业合作社又有法人资格,所以这也是一个组织平台,因此在农民们之间会产生很紧密的合作基础。

十一、确定特定对象

目前我国的法律对金融融资要求比较严格,所以企业在融资的时候风险会大些,可能会触犯"向社会不特定对象公开融资"的法律红线,"摊上大事"。

但对绝大部分企业家来说,资金问题永远是大问题,目前每个项目都有融资的情况发生,"线下众筹"实际上就是在寻找合伙人做生意。如果是人数较多的项目,就需要遵守国家的法律规定来设立和经营公司,特别是在融资的时候,最基本的要求有两个:①不要向社会公开；②不要给保本付息和回报承诺。在非法集资的案例中，有很多犯罪分子就是采用公开和利诱的方式来吸引投资。所以寻找项目合伙人应该在特定范围内，切不可利用社会公众采取"口口相传"的方式，这里说一下通过"问卷调查方法"来降低风险。

这个办法来自于《私募投资基金募集行为管理办法》，因为它有现行的操作示范可以借鉴，目的是让公司和企业家们能得到一些有用的启发，探寻出有益的出路。办法规定：如果不经特定对象确定程序，不能对外推介基金，在募集资金时，必须叫投资人签署问卷调查协议。

"线下众筹"是在寻找合伙人创业，在实操中可以借鉴问卷调查协议的内容，结合自己项目的情况设计调查条款，例如是否对项目了解透彻、是否对产品机制了解清楚、是否了解股权风险、是否对退出机制清楚明白等。

十二、确定寻找合伙人方式

我国法律和司法解释在公司融资方面，规定不得通过报告会、讲座、沙龙等方式向不特定对象公开募集资金，也不得采取承诺回报等保本收益的方式转让股份等（具体禁止行为可以参见本书最后一个章节）。这里简单介绍一下几种做法规避。

（1）如果在"特定范围并针对特定对象"搞沙龙、讲座、报告会进行路演，就意味着"不是向社会大众公开"，所以可以规避"不特定"。实践中很多园区都会联合开展路演活动，听众也多来自于特别邀请的特定投资人，这是创业者们展示项目的基本渠道之一。

（2）如果发起人只介绍自己的产品、自己的团队、自己的项目内容等，不说融资方案和回报，这个就没有现行募集资金的意图。

（3）在产品学术报告会上以问卷调查的方式开展调查，主要调查投资人对发起人的项目或者产品的意见，切记不要在调查表上公开进行融资和承诺回报等，这在《私募投资基金募集行为管理办法》里有明确规定。因为我们不是经过审批的基金公司，所以在做的时候可以借鉴有益的内容，但不能一味复制，尽量把融资风险降到最低。

（4）如果听众少，而且也是朋友圈的熟人（亲友和单位内部），可以理解为"特定对象"，小范围地进行项目融资介绍，并配上问卷调查，也能很好地降低风险。当然，发起人的项目必须靠谱，必须真实，要不然可能会涉及诈骗类犯罪；

（5）要想风险最小，必须得走两个程序：第一个是介绍自己的产品和团队，不说募集资金的细节和承诺，然后配上问卷调查；第二个是不向社会公开，只在"特定范围和特定对象"内进行募集和融资，这有点像"招聘合伙人"。

第二节　分则篇

十三、在募集阶段需要准备的法律文件

在募集阶段需要准备的法律文件：①招股说明书；②合格投资者调查问卷；③合格投资者承诺；④风险揭示书；⑤投资合同；⑥账户监督协议等。

众筹融资实际上也可以理解为中小企业融资，以此定位会更贴切些。分则篇主要是采用在原有公司基础上进行股权出让的模式，来介绍相关操作流程，但有些步骤也适用于发起设立公司的模式。

以上法律文件是在融资阶段需要的文本，它的另外一个作用是规避发起人和投资人各自的风险。

十四、开展尽职调查，包含业务、财务、法律三个板块

这三块实际上是对项目进行的可行性论证。

业务尽职调查对应的是众筹融资模式和方案；财务尽职调查对应的是项目的业绩情况；法律尽职调查对应的是项目的风险发现，例如非法集资问题、项目股权问题、项目的资产产权问题（房产、土地产权）等。

以上三个程序都很重要,特别是业务尽职调查和法律尽职调查。业务尽职调查在前期设计商业模式的时候基本上已经考虑过了,模式出来后首要跟进的是法律尽职调查。法律尽职调查的内容建议越多越好,这样可以向发起人提示足够的风险,说得越多,风险就会越小,所以不要怕麻烦。

十五、法律尽职调查内容

法律尽职调查内容:①发起人资产资信;②投资人资产资信;③高管人员资产资信;④众筹商业模式的合法性;⑤项目公司债务及对外担保情况;⑥项目公司的重大合同;⑦项目公司的诉讼及仲裁等。

关于发起人、投资人等的资产资信在前面已经介绍过了,高管的资产资信对项目进展影响也很大,毕竟项目需要中层团队来执行,高管直接掌握项目核心事项,因此有必要对他们详细了解。

众筹的商业模式牵涉投资人人数、产品机制、经营范围是否合法等法律问题,律师要对这些基本问题进行分析,尽量避免项目出现原则性的错误。其他情况的尽职调查,涉及项目的稳定性,如果还存在一些负债、担保的情况,尽量把这些情况公示给投资人,避免因为信息披露不实造成误解。

十六、出具法律意见书,结合众筹融资模式

主要内容如下:①审查项目发起人是否具备主体资格;②审查项目内容是否超越经营范围;③审查项目内容是否合法;④审查项目公司股东人数是否超过股东上限;⑤审查项目产品方案是否合法;⑥审查项目产品方案所依据的材料是否真实等。

法律意见书是众筹融资商业方案的配套机制,目的是为发起人揭示法律风险,发现风险,同时也能起到保障项目以后健康运转的作用。"线下众筹"区别于"线上众筹",所以对发起人、对投资人的文件会比较多一点,这类似于公司的股权出让、增资扩股等行为,需要依照《公司法》的相关规定。

十七、起草投融资方面的意向书

主要内容包括：①投融资标的。②投融资方式及投融资协议主体。③投融资项目是否需要投融资各方股东（大）会、董事会决议通过。④确定投融资的项目规模、发展及所需成本。⑤投融资款项如何支付。⑥投融资有无担保措施。⑦投融资项目是否需要政府相关主管部门的批准和批文。

这里的"投融资"是相对于融资方式而言的，融资方式一般有两种：一种是在没有公司的前提下设立公司；一种是在原有公司的基础上增资扩股或者股权转让，这里主要介绍后者的流程。"投融资协议"可以被称为"入股协议书"或者"股权转让协议书"。意向书在商业活动中经常会见到，从功能上来讲，不具备实质性的法律效果，但也可以作为以后履约情况的一个参考证明，具有证据的作用。意向书的作用是给以后众筹商业模式做配套，在搞清楚了融资人的投资意向后才能设计众筹模式，两者相辅相成。

如果需要股权出让融资给第三人时，那么需要其他过半数股东同意。好多公司虽然登记的有好几个股东，但是实际上都是挂名。在这种情况下，需要履行一下股东会决议的程序，即"同意某股东转让股权融资"。因为《公司法》中规定有"挂名股东不配合变更就不能变更"的情况。

十八、几种重要的意向书附加条款

（1）终止条款。在该条款中可以约定某一期限，如超期无法签订投融资协议，则意向书丧失效力，具有投资"冷静期"的功能。

（2）保密条款。该条款主要是为了保护知识产权需要而设置的制度，对于创新和新技术项目尤为重要。保密条款的主要内容有：保密条款适用的对象。不仅包括投融资双方，还包括参与项目事务的工作和中介服务人员。保密事项。列明哪些事项属于保密事项，例如，相关资料和图纸、型号等技术参数。

（3）约定所披露的信息和资料仅用于评估项目的可行性，不得用于其他商业目的。

(4) 资料的返还或销毁。如投融资项目未能完成，对已经提供的信息资料，投融资双方负有相互返还或销毁的义务。

在投融资过程中，为避免任何一方借投资或融资之名套取对方的商业秘密，应在意向书中设定防范此类风险的附加条款。

众筹如果有好的创新或原创项目时，在项目信息方面就要尽量保持保密状态，实践中的做法是双方签订保密协议。保密协议虽然是一纸文书，不能保证项目一定不会泄密，但最起码对外有重要的约束效力，对相关方起到警钟常鸣的作用。签订保密协议，可以在正式签署投资意向书之前，也可以在签署当时，这个根据项目灵活掌握。

十九、列出主要的融资条款

在众筹融资活动中，从规避风险角度来讲，以下条款应列在投融资意向书中，该条款将是未来正式融资协议的主要条款。

(1) 不公开条款。即未经投融资双方同意，不得向外界披露项目的信息或资料。

(2) 投资资金退出条款。可以约定在投资后的一段时间内，以约定条件回购其股权等。

(3) 担保条款。例如担保投资资金的使用条款，也可以约定担保期，在项目达到一定程度后，投融资双方可以解除担保措施。

(4) 董事会和投票权。可以约定以后董事会的组成以及相关事项的投票机制，提前制定科学合理的公司制度。

(5) 费用分摊条款。该条款规定如果投融资成功，因投融资事项发生的费用应由投融资双方分摊或由融资方承担。

以上发生在项目的预备阶段，这些条款实际上也是以后双方正式签订的投融资协议主要条款，给双方以后更好合作作铺垫。这里的投融资协议也可以叫"入股协议"或者"股权转让协议"。

这些条款也比较适合众筹发起人的几个核心人群，或者在这个基础上也可以根据项目需求增添相应条款。如果众筹股东比较多，在和众筹股东签署的正式协议中，一些条款可以适当调整，但是退出机制必须得有，例如回购条款、清算条款等。项目如果用消费和股权捆绑模式，融资风险可能会低一些，投资人毕竟已经拿到了等额的返卡消费，基本上保障了本金。这要求发起人设计的产品和服务内容必须好，让投资人能真正受用并使用到价值。至于股权的财务盈利，这对融资方要求比较高，不管经营中赚得多、还是赚得少都要及时向投资人公布，不要有丝毫隐瞒。

二十、众筹融资尽职调查必备条款

关于融资方的基本情况：①融资方及其关联公司的经营范围。②融资方及其关联公司设立及变更的有关文件，包括工商登记材料及相关主管机关的批文。③融资方及其关联公司的公司章程。④融资方及其关联公司股东名册和持股情况。⑤融资方及其关联公司历次董事会和股东会决议。⑥融资方及其关联公司的法定代表人身份证明。⑦融资方及其关联公司的规章制度。⑧融资方及其关联公司与他人签订的投资协议。⑨融资方主营业务的发展前景。⑩融资方的股权及资产是否存在设置担保、诉讼保全等限制转让的情况。

以上主要是想了解融资方的基础，这些基础会直接影响到以后融资的公司变化，或者会影响到项目是否可行。拿股东人数来说，如果原有股东已经有20人了，那么以后招股东后的总数就不能超50人、200人了。如果组织形式是个体工商户，那么就该考虑是否设立新的有限公司等形式融资了。

如果不以原来的公司融资，而设立新的项目公司融资，那么这些也是应当考虑的范围，重点注意营业执照上边的经营范围。一切要为众筹活动设定，不要超越了经营范围，如果超越了经营范围，可能会涉及非法经营等罪名。在融资方出让股权方面，如果是以出让原有公司股权来融资，那么就要履行《公司法》中关于股权出让的程序和规定，股东会的表决和相关决议通过是必经环节。

二十一、调查融资方几种重要的附属性文件

附属文件：①政府主管部门对融资方及其关联公司的批准文件。②融资方及其关联公司土地证、房屋产权证及租赁文件。③融资方及其关联公司与职工签订的劳动合同。④融资方及其关联公司签订的有关代理、许可证合同。⑤对融资方朋友圈相关情况的调查。

以上也是需要尽职调查的情况，土地证、房产证直接关系到项目公司的财产权属，也直接关系到项目的定位和发展。例如，要承租的房屋，那么在设计众筹模式的时候就要考虑是短期还是长期等，主管批文决定项目是否合法合规的问题。

调查朋友圈是"线下众筹"特有的情况，让发起人罗列朋友圈的人和资源、所处的行业、年龄结构等，基本可以判断出这些人是否适合项目，也可以判断出这些人会不会给项目带来风险。

"线下众筹"做起来慢的原因，就在于考察范围比较多，尽职调查实际上是在搜集数据，用数据来说话，利用这些数据规避风险。

二十二、调查融资方管理人员和职工情况

内容包括：①管理人员、技术人员、职工的雇佣条件、福利待遇、劳动保险缴纳情况。②主要技术人员对公司商业秘密掌握情况及其与公司签订的保密协议、竞业限制协议等。③特别岗位职工的保险情况。④高级管理人员的家庭情况、家庭成员情况等。

高级管理人员属于企业的中层人员，以上对高级管理人员的调查实际上也是建立信任的方式，福利待遇越好，从人性上来讲，他的忠诚度就会越高，他的办事质量就会越好。

二十三、调查融资方经营状况

内容包括：①融资方有无经营项目的立项、批准文件。②融资方有无主要竞争者。③融资方产品有无质量保证文件。④融资方有无广告产品。⑤融资方有无产品责任险保险。⑥融资方产品有无环境保护问题。⑦融资方产品有无消费者投诉情况。⑧融资方有无特

许经营情况。⑨融资方的房租、租赁期限等。

之所以要考察这么多条件，主要是对融资方的融资基础做全面掌握，这也是对众筹股东负责。好多企业在初期没有现代化管理的理念，存在好多瑕疵，这种瑕疵在自己一个人办公司的情况下无妨，但是在融资时这种瑕疵就会有很大影响，处理不好时，极有可能会造成项目僵局。

二十四、调查融资方及其关联公司的知识产权情况

内容包括：①融资方及其关联公司有无专有和共有专利、商标、著作权和其他知识产权证明文件。②融资方及其关联公司有无专利、商标等知识产权的转让、许可使用情况。③融资方及其关联公司有无正在研制的可能获得知识产权的智力成果报告。④融资方及其关联公司有无正在申请的知识产权。

知识产权对于企业而言越来越重要，例如商标、专利和其他核心技术等。融资方如果有知识产权，在众筹融资的时候就应当说明，因为知识产权如果算作发起人出资的话，那么该知识产权就算做公司的资产，股东对该知识产权也享有一定权利。

二十五、调查融资方法律纠纷情况

内容包括：①有无正在进行和可能进行的诉讼和仲裁。②有无正在进行或可能进行的纠纷和争议。③有无诉讼或仲裁中权利的主张和放弃情况。④有无已经生效的法律文书并查看其主要内容。⑤有无生效法律文书的执行情况并了解执行进展。

公司产生纠纷往往都是因为项目在某些方面出了问题，直接影响了股东的利益。例如，公司股东之间的盈利分配纠纷、控制权争夺纠纷以及公司对外的债权债务纠纷等。如果众筹融资是在原有的项目公司上开展，就有必要对该项目做一次彻底排查，如果有相关纠纷，就要考虑这些纠纷对项目会产生什么样的影响，然后再根据情况做适当调整，免得这些纠纷影响到新进股东的利益。

二十六、撰写尽职调查报告

在完成资料和信息的搜集、审查后，专项律师要为委托方提供一份详细的尽职调查报告。法律尽职调查报告一般包括如下内容：①委托经过和授权情况说明；②委托方对尽职调查的要求；③出具尽职调查的法律依据；④出具尽职调查报告的责任限制或声明；⑤律师审查过的文件清单，以及要求委托方提供但未提供的文件清单；⑥进行尽职调查所做的各种假设；⑦对审查过的资料进行总结分析，针对众筹事项，对所涉及的法律事项以及所有审查过的信息所隐含的法律问题进行评价和建议。

法律尽职调查报告是众筹融资中最基础的一个法律文书，目的是让融资方知道该项目存在的一些具体问题，也方便估算成本。假如经过调查后，发现项目问题太多，那就不要冒太大风险，毕竟众筹融资也不是唯一的融资途径，免得触犯了非法集资的红线。

二十七、起草投融资（众筹）协议

投融资协议也可以叫众筹协议，是投资过程中最核心的文件之一，应根据众筹模式和委托人的项目特点综合应用。

线上的股权众筹，要求必须在线上进行，"线下众筹"单从法律上来讲，可以叫股权转让和增资扩股，只是这种股权转让和别的股权转让不一样，特殊性比较多。

二十八、签署投融资（众筹）协议

尽职调查结束后，就要征询委托人意见，协助委托人，共同拟订投融资协议或众筹协议，并开始准备其他相关法律文件。我国《合同法》上没有"众筹协议"这个概念，但从内容上来讲，它的性质应该属于股权转让协议或者增资扩股协议。在项目审批方面，如果法律、法规要求投融资项目必须经政府主管机关批准的，还要协助委托人向政府主管机关提出批准申请。

二十九、投融资（众筹）协议的主合同

内容包括：（1）说明项目合法性的法律出处和依据。（2）还应考虑以下内容：①投融资行为已取得相关的审批手续，例如金融、建筑、房地产、医药、新闻、电讯、通信等特殊行业。②投融资各方因投资项目所做的声明及保证均应实际履行。③完成尽职调查，并对调查结果和法律意见满意。

这些不仅是投融资项目的前提，也是众筹协议的先决条款，类似于前言或声明，目的是告知起草协议的出处，也是众筹项目合法的基本根据。区别于投资担保公司的融资协议，从做事的态度上来讲，众筹协议应当名正言顺，因为融资是为了项目，采取的方式是出让股权，融来的是优质的股东，而不只是为了钱，这与其他融资有根本上的区别。

三十、投融资各方的声明、保证与承诺条款

内容包括：①融资方向投资方保证没有隐瞒影响投资事项的重大问题。②投资方向融资方保证具有实施投资行为的资格和财务能力，是其真实意思表示。③融资方如实履行投资义务的承诺。④设定融资方式与时间，必要时可以考虑在金融机构设立双方共管或第三方监管账户。如有必要，也可以将融资方的资产进行公示，增强双方互信，增加凝聚力。

以上是众筹双方的基本承诺义务，股东对各自的行为进行声明，实际上是设定信用背书的功能，同时也是对各自的资产和资信进行确认的一项内容。

融资方如果想表示诚意，也可以将自己的公司资产进行公示，把公司的资产披露给股东后，可以排除投资人的顾虑，以增强股东的凝聚力，从风险角度来讲，资产公示也能规避集资的风险。

三十一、约定投融资过程中的违约责任和其他条款

1. 确定违约责任和损害赔偿条款

即投资方如因融资方在投资完成之前的经营行为导致的税务、环保等纠纷受到损害,融资方应承担相应的赔偿责任。如果是股权众筹,转让股权时可能会涉及交易税的问题,这也是需要考虑的环节。

2. 设定不可抗力条款

在起草协议时,尽量多考虑些,财务问题也应该放在里边,国家税费不能忽视,更不能逃税漏税。在进行股权转让或者增资扩股的过程中,作为融资方来讲,在转让前,应当对自己的资产进行一次盘点,例如,有哪些债权、有哪些债务,必要的时候还要通知和公告债权人,这些情况都处置完毕后才能作为没有瑕疵的项目去获取投资。如果处置不了这些瑕疵,在转让的时候必须要提前告知投资人,这在合同法中叫诚实信用原则,如果违反了这项原则而造成转让价值不实,令项目和股东被动,那么因此而产生的责任应当是由融资方承担。同理,如果投资方自己的资产和资信不实而影响到项目时,也要承担相应责任。

三十二、收集投融资(众筹)协议的相关附件

主要包括:①融资方的财务审计报告。②融资方的资产评估报告。③融资方土地转让协议。④政府批准转让的文件。⑤其他有关权利的转让协议。⑥融资方的固定资产与机器设备清单。⑦融资方的流动资产清单。⑧融资方的债权债务清单。⑨融资方对外提供担保的清单。⑩联合会议纪要。⑪谈判记录。⑫投资方对其资产资信的真实承诺。⑬投资股东的风险确认声明。⑭问卷调查报告。⑮认股意向书等。

上述附件的内容,可以根据实际情况在符合法律、法规的情况下,选择增减。

项目的一切活动主要是围绕着商业模式展开的,配套的附件都

是为了帮助投融资双方更好地互信,从而降低项目自身的风险。以上附件在大型投融资项目中比较常见,也是比较常见的尽职调查事项,项目越大,附件就会越多。如果项目不大,那么就可以捡手头有的资料提交,主要多听听项目律师的意见。

三十三、约定投融资（众筹）协议的生效条款

融资方应注意,如众筹项目涉及必须由国家有关部门批准的内容,应约定投融资协议自批准之日起生效。其他情况下,可根据实际情况约定合同的生效条件和时间。如众筹项目的营业执照没有该经营种类,也可以约定待营业执照变更完毕后合同自动生效。

合同的生效是做生意的一个关键起算点。我国《合同法》规定,有些经营行为自批准或登记之日起生效。法律的实操经验是,从促进交易角度来讲,如遇到类似的业务,双方之间的协议可以签,但没有批准手续并不影响双方商定交易。协议签订后该协议效力待定,待批准文件下来后,协议就会自然生效了。这样做的好处是,在合法的前提下,不会耽误项目进展。众筹项目如果有以上情形的,可以根据情况借鉴使用,但不能从事违法犯罪类的经营项目,这类协议自始无效。

三十四、投融资（众筹）协议执行阶段

在投融资履约阶段,工作主要包括:①为投资各方拟订履约备忘录。②协助委托人办理担保登记手续和投资款项的过付及款项的接收等工作。③按相关法律、法规的规定办理报批手续。④协助投融资双方签订协议。⑤对投融资协议进行讲解等。

因为众筹也是个融资工具,签署备忘录是为了更好地按约履行,投融资双方之间的履约表现为投资方向融资方交付投资款,融资方向投资方开具收据或者股东证明。在前期经过投资方对融资方的考察后,双方建立了交易互信,接下来的工作就是要融资方提示投资方交付投资款的时间和方式了,这时候需要专人或者会计来联系投资人。投资人如以现金交付,就需要融资方提供收款账号;如果投

资方是以实物出资，还需要办理物权变更登记手续。在资金进账或者物权办理变更登记后，这些财产就属于公司的财产了，不能随意抽回。

三十五、向相关部门申报文件

如果众筹项目需要批准，律师应协助投资方或融资方起草或调取的向相关政府主管部门报送的文件材料包括：①投融资之前各方的原合同、章程及其修改协议。②投融资各方的批准证书和营业执照复印件。③融资方董事会、股东（大）会关于同意融资及担保的决议。④投资方签署的风险告知书。⑤审批机关要求报送的其他文件。

这里需要掌握的知识点比较好理解，有些项目的进行需要行政机关的批准，等拿到批文后才可以办理工商登记或者其他行政审批手续。在审批的时候，行政机关需要审查项目的主体和内容以及其他法律法规要求的内容，这有点类似于公司在进行注册时需要提交的公司章程，是行政审批的前置程序。一般金融类的项目和特许经营类的项目会要求多一些，例如基金类投资公司和特种行业公司等。

三十六、办理相关担保手续

投融资各方应及时按约办理各种担保手续，包括国有土地使用权、房屋所有权、股权质押、动产抵押、动产质押、股权变更或增资登记手续等。

众筹股东如要求融资方提供担保时，除了以上手续外，可以要求提供保证人担保，融资方也可以要求众筹股东提供反担保。

在一般的投融资业务中，有的根据项目的需要，可以要求一方或者双方提供担保，担保合同的履约情况。在一般的小项目中，如果没有太大的盈利关系，投融资双方可以不要求对方提供担保，因为在创业初期对于创业者来讲，几乎没有什么可供担保的财产，如果让其提供担保，也不符合客观现状，但如果是一些中期成熟的公司，在条件允许的情况下，可以择机选择是否适用担保。

三十七、投资款到账验收

投资方支付完全部转让款给出让方后,融资方应指定或由双方约定的会计对该转让金额是否到账予以验证。如以非资金方式出资的,还需办理资产证件的登记变更手续。

该条款是针对接收投资方即众筹股东出资到账的条款。在项目发起的前期,发起人除了要选出事务代理人外,其次就是要选出财务人员。财务人员在发起设立阶段的主要公司工作就是接收和验收各发起人及股东的出资到账情况,并及时在股东微信群里公布。公布后,在首期股东会上或者结束后给各股东开具出资证明书,证明其姓名、出资额、出资时间等股东资格。

三十八、交付相关投资标的

投资双方应及时办理被投资资产的交割手续和被投资股权的变更登记手续,包括所涉资产权属变更需要办理的物的交付和权属变更登记手续。

"线下众筹"讲究筹人,用对的人带来其背后的投资和资源。如果有的股东不是以现金出资而是以实物出资时,例如以房产或者车辆等有形物出资时,就需要办理相关的物权变更手续。上个条款主要说的是以现金方式,这个条款主要讲以有形物出资时的财产变更。在财产变更方面,有两种情形,一种是公司还没成立前的出资,一种是已经有了公司,需要在该公司基础上进行股权出让。这两者在操作的时候,都需要办理物权的变更手续,即变更至公司名下,具体的操作这里不再——展开说,各位可以咨询当地的工商部门、律师和会计即可。

三十九、众筹退出阶段

退出的几种主要方式:回购股权、公开上市、破产清算。

以上是传统公司的几种退出方式,在退出方式方面实际上还有一种,叫清偿退出,有点类似于偿还借款,即融资方按期向投资方偿还投资方的投资本金及利息等费用。

在投资方面，企业为了生产经营需要可以对外借款，但必须遵守法律规定，即不得违反集资方面的规定。借款也是公司融资的一种渠道，司法实务规定，只收取红利不承担亏损，定期拿回本金的是民间借贷。这种承诺"保本付息"的，相信在商业中很常见，这在公司原理上来讲违背了"风险共担、利益共享"的商业规则，而且笔者见过有的企业公开向社会不特定对象借款，并承诺给高息回报，最后被处以刑罚。众筹融资是创业做项目，所以为了杜绝以后不必要的麻烦，笔者在这里删掉了清偿退出的方式，反对以借款付高息的方式创业，鼓励寻找真正的合伙人，也是提醒企业家借鉴错误的做法。

四十、回购方式退出

股权回购也可以叫股权转让，是公司经营和发展经常会面临的事情，指融资方的原股东、管理层或融资方自身回购投资方的股权。

该种情况大多数是存在于项目中间的，也可以叫项目存续期间股东的退出机制。众筹从一方面说就是在找人合伙做生意，根据"投资权益自由转让"的原则，合伙人如果不想继续合伙了，就应当允许其转让自己的股权退出公司。根据《公司法》的规定，股东在转让股份的时候，回购方可以是公司也可以是其他股东，在履行完相关的法定程序后就可以完成转让，转让完成后，转让方就视为退出公司了。需要说明一点的是，如果是公司回购股份，因为回购股份需要支付一定的对价，所以就牵涉公司注册资本减少的情况，这在法律上来讲叫"减资"。减资需要召开股东会修改公司章程表决通过，所以这种情况比较适合规模小一点的项目公司，如果是规模大一点的公司最好在章程中提前约定由股东回购的条款，这样可以简化程序提高效率。

四十一、公开上市方式退出

公开上市对上市企业的上市标准要求较高，特别是在主板市场上，只接纳大中型企业。对于中小企业来说，建议选择在创业板或中小企业板市场上市。如有上市需求，建议项目公司以股份公司形式出现。

这种退出方式，在众筹项目中比较少见，因为众筹比较适合小平台类的项目，但如果公司真的有上市需求，需要通过众筹工具增加资产和资信，那么在公司初期必须采用股份公司的形式或者变更为股份公司形式，这是国家对上市公司作的一些准入要求。

四十二、以破产清算方式退出

破产或清算是公司和风险投资各方最不愿看到的结果，但却是投资失败后资金退出的必经之路。当一个公司状况不好且难以扭转亏损的时候，对企业资产进行破产清算是减少损失最好的办法之一。在清算方面，一种是自行组织清算，一种是申请法院进行破产清算。在众筹项目中，第一种的情况居多，因为公司的规模不大，这样可以简化很多程序。在清算方面，主要是对公司对外的债权债务进行盘点，等所有工作做完到工商局办理注销登记即可。需要提醒的是，如果存在公司债务而不去通知债务人，那么公司注册的股东可能就会需要承担连带清偿责任。

最后，用金融投资市场上经常用的一句话来提醒发起人和投资人："众筹有风险，创业须谨慎。"

第九章
众筹风险识别与集资犯罪防范

"众筹"和"非法集资"的区别是什么？这想必是企业家关心的问题。

没有对比就没有真相，对比得越多，就越能消除误会。

根据我国《刑法》及相关司法解释的规定，涉及非法集资类的犯罪主要有八个罪名，分别为：①非法吸收公众存款罪；②集资诈骗罪；③擅自发行股票、公司、企业债券罪；④欺诈发行股票、债券罪；⑤非法经营罪；⑥虚假广告罪；⑦擅自设立金融机构罪；⑧组织、领导传销活动罪。

要想远离以上犯罪，从商业层面来讲，项目得是实打实的项目，给特定投资人设计的回报机制也是基于能够实现的预期而设计的，没有忽悠和欺骗的成分，这是和集资犯罪的最主要区别之一。

不要承诺还本付息，从法律上来讲，只享受分红而不承担亏损的投资属于民间借贷，不是真正意义上的合伙。这是区别之二。还有个区别可能是做法上的瑕疵，比如公开向不特定人群融资、人数超过200人等，这些瑕疵是基于国家要保护金融秩序的考虑，所以对方式和人数有了限制。

除了搞明白以上几点区别外，在具体规避风险方面，就是做好项目说明工作、投资风险揭示工作等，在做这两项工作的时候，一切都要以"不公开和针对特定对象"为大前提，切忌向社会大众公开融资。

项目说明工作就是在创立大会上向发起人说明项目概况以及众筹模式（也可以叫商业模式，众筹模式也属于商业模式的一种），最主要是提醒投资人是合伙做生意，让股东们都能明白项目本意。

投资风险揭示可以参照证券公司或基金公司的风险揭示技术，除了签署风险提示书外，可以做电话录音回访、视频回访，让投资人再一次确认投资项目的心理状态。同时把相关回访资料作为档案保存，档案的等级分为机密、秘密和绝密三级，一般保存十年以上。

对于规避风险方面实际上本书前面都有所提及，本导读主要是介绍一下众筹与非法集资类犯罪的区别，希望各位在做项目的时候不要触犯底线。这些区别不仅适用于众筹项目，也同样适用于所有公司融资类的项目，例如股权融资等，道理和规定基本一致。

在接下来的第一节里主要阐述如何识别和远离非法集资，第二节里主要介绍八个犯罪的基本特征和相关无罪及免于刑事处罚案例，让各位读者能对该类犯罪有更清楚的认识，在司法实务中比较多发的是非法吸收公众存款罪和集资诈骗罪，而在无罪处罚方面的案例很少，基本都判定有罪，故请企业家朋友们在做融资项目的时候提高警惕。

这八个罪名参考的主要依据为我国《刑法》《最高人民法院、最高人民检察院、公安部关于办理非法集资刑事案件适用法律若干问题的意见》《最高人民法院关于审理非法集资刑事案件具体应用法律若干问题的解释》《最高人民法院关于审理民间借贷案件适用法律若干问题的规定》等。

第一节　这十个区别让你远离非法集资

一、有无法律根据

众筹刚在国内出现的时候，一些有想法的企业率先利用互联网的手段公开融资或销售，并且也有一些成功案例。但当大家都陆陆续续跟着用众筹工具进行融资的时候，有人认为这是新一轮的非法集资。众筹融资其实只是一个互联网技术工具，众筹融资有合法根据，非法集资本身就是违法行为。

线上的股权众筹依据的是十部委的意见,线下的众筹依据的是《公司法》《合伙企业法》《合同法》等基本法律。非法集资本身无法可依要么是圈钱、要么是诈骗,这与众筹融资有本质的不同。

所以在发起项目或者看到别人在吸引投资时,要看一下这个项目依据的是什么,找到了依据就能明白这个项目的出处,再看看他是否按照这个依据的程序和步骤在办事,就能搞清楚这个内容是否合法,从根源上识别和杜绝不法项目。

二、人数是否超标

企业融资司空见惯,好多企业都或多或少地对外对内融过资,但我国法律对融资人数有要求,超过这个人数就可能会触犯擅自发行股票、公司、企业债券罪或与之相关的其他集资类犯罪的法律,这个人数限制就是 200 人,是一条不可逾越的红线。但不一定人数不超标就不是犯罪,如果做法欠妥,可能会构成其他犯罪。

正因为都不敢触碰,才会出现众筹融资与非法集资之间的明显区别。想做众筹融资必须得有一个好项目,用众筹模式融资的时候,都希望把这个项目做好,不仅考虑商业模式,也特别注重法律风险。在这种背景下,融资方更会遵守规则,特别是在设计众筹方案的时候,更不会只触碰 200 人的红线,不管是股权代持,还是以后的增资扩股都尽量不去突破这个限制。

非法集资类的项目之所以能集到巨款,是因为人数多,项目内容不管是什么,只要能集到足够多的人,就能集到足够多的钱,有的会达到成千或上万人。正因为人数众多,项目出现困难时,投资人同时上门要账,造成资金链断裂,无法兑付,最终酿成恶果。

三、动机和目的是什么?

线下众筹讲究人的众筹,第一步就是寻找合伙人,这个合伙人可以是原始发起人,也可以是后续增资扩股中后进来的那一批人。

"筹人"的原因主要是希望投资人进来后把技术和资源带进来,用投资人的优势来弥补项目的短板,它把做事情作为第一要素,这也是众筹项目的基础要素。

"非法集资"大部分都是看中了投资人手里的钱，有个公益宣传片的台词说得好："你看中的是他承诺的利息，而他看中的是你手里的本金"。这也是识破集资犯罪的路径之一。

一个是用心找人，一个是想法骗钱；一个是创业合伙，一个是谎话连篇，这两个是众筹融资和非法集资最为明显的区别。

四、筹的对象不一样

众筹集的是众人的力量，人是众筹的核心或者基础，人有熟人和陌生人之分，能吸引陌生人和你一起做事情的最主要因素是利益，能吸引熟人和你一起的可能是基于感情或者情怀。互联网上的众筹多是陌生人众筹，讲究的是利益回报，线下众筹多是朋友圈众筹，讲究的是与熟人的合作。可见，不管是"线上众筹"还是"线下众筹"，需要的都是人。

非法集资往往选择陌生人，并且向社会公开撒网，用高息或高收益做诱饵，欺骗投资人。在这个追利过程中，投资人的关注点全在收益上，至于集资者设计的项目是什么、项目是否真实，投资人在所不问。

融资对象的不同，也决定了众筹与非法集资具有天壤之别。

五、看看钱的用途

众筹汇集了大家的力量，项目公司收到的钱叫"股东股金"，股东股金进到公司账上后，就属于公司的资产。根据法律规定，公司法人地位独立也包含财产独立，公司可以自主利用该款项开展经营业务。

非法集资拿到大家的钱后，没有把钱打到公司的账户里，也有的是把钱投到一些项目上，在投钱时不会告诉投资人，也不会公布公司财务，假如投资赚钱了，利润都是属于个人，即"拿大家的钱办自己的事"。

用钱的出发点不同，可能就会出现不一样的结果。把钱花到项目的事情上了，叫"专款专用"；把钱花到自己事情上了，叫"专款他用"。在"专款他用"的行为下，项目迟早会出问题，所以，识别好"用钱"的方式和目的，也是区别非法集资的重要特征之一。

另外，在获利分配上也可以看出一些区别，如果赚钱了分给大家，这个叫分配"股东红利"，这是基于合伙做事的原则，遵循的是《公司法》的基础规定；如果赚钱后只给自己，那属于"中饱私囊"，把大家的钱据为己有或者不分红，这是很明显的犯罪故意之一，可能会构成集资诈骗罪。

六、是否公开财务

财务公开也叫信息披露制度，不管是在上市公司，还是在非上市公司的经营管理中都会有所涉及，是抵御金融风险、防止融资方损害其他股东合法权益的有效制度。

"线下众筹"的表现形式是合伙做生意，需要设立公司来运行。公司的基本制度之一就是财务公开，表现形式是不仅公司负有主动公布财务的义务，更重要的是股东还可以自己查账，或委托其他股东或代理人查账，体现出融资方对投资方的负责，也体现投资方对众筹项目的共建和共享。

在非法集资的案例里几乎没有股东可以查账的情况，因为融资方看中的是投资方的本金，投资方看上的是融资方承诺的高息，不会去关注项目本身，正因为大家都不关注项目，所以才造就财务公不公开都无所谓，有没有信息披露也无所谓的心态。

"心态影响认识，认识造就做法"。在心态和认识的影响下，做公司的方式和方法就会有所不同。反应在财务方面时，坦诚地公开财务会增强股东对负责人的信赖，增强项目的凝聚力，有意地回避财务只会降低股东对负责人的信赖，弱化负责人与股东之间的链接，等出现一些小问题后，可能就会引发后续的集体事件。

按照《公司法》上的规定，股东享有知情、分红和选择管理者三大权利。在具体做法上，财务公开需要在股东会上或者其他协议里专章规定，作为议决事项让股东签字通过。如股东人数较多，就应该体现在公司章程上或者代持协议上。

七、要有风险识别和承担能力

众筹融资是一种金融工具，可以帮助融资方获得相应的项目融资，解决融资难的问题。这里先抛开法律的功能不说，单从融资角度来讲，融到钱是最终目的，不管采用哪种产品机制，只要项目能吸引投资者掏钱投资，就算是融资成功。

例如在"线上众筹"里，预售+提前锁定客户、股权+预售产品等，都是很好的产品机制，来吸引投资者购买和投资你的产品。从反面角度来看，非法集资里的每月4分息或1角息的高额回报，也是对投资人的回报承诺，一正一反，这是两者的一个典型区别，以上只看中对钱的招揽，却忽视了投钱的人。

现在金融政策讲究对实体经济的服务，投资钱后得帮助到有实际意义的项目，发挥投资的真正功能。在公司创业中，做实体项目离不开有意义的人。在众筹里，选对了人，这个人就是"优质的合伙人"，人对了就能做成顺心顺意的项目，并且还能节省成本提高效率。

"线下众筹"里特别讲究对人的筛选，对的人带的钱才会对，不对的人就是带来足够多的钱也不敢随便收，收了后可能不是"雪中送炭"，而是"雪上加霜"，结果适得其反。

这里讲的对的人，除了"根子正、目的纯"以外，反应在金融法规里，应当是具有风险识别和风险承担能力的人。简单地说，能看到项目现在以及将来可能遇到的问题就是风险识别能力；投进去的钱如果赔了不会对自己造成生存危机，自己还能从容应对，这个就叫风险承担能力，总结一句话就是"能看见、赔得起"。所以，才有了投资人须是"中产阶级、35岁以上人群"的科学设计。当然，投资人的资信、有无涉诉纠纷也是一个需要考虑的环节。

在非法集资里为什么会发生投资人"群而攻之"的局面，除了没有区分投资人人群外，也没有分析他的抗风险能力，也就是没有了解他的风险识别和抗风险能力，最后造成"谁给钱就要、只要给钱就敢给承诺"的局面,也造成一些本无非法集资故意的项目的发起人却稀里糊涂地沦落为"笼狱之徒"。

人是社会的根源,每个项目都是给人服务的,融资里或者创业里都离不开人的参与和相伴,应把人管理好、服务好、相伴好,以人的需求和体验感设计产品机制,才能做好项目,也能很明显地远离非法集资类犯罪。

八、股东是否出力

现代社会对公司的要求都非常多,要求公司要有科学的管理体制,例如股东财产和企业财产分离、有科学的议事规则、表决机制等,这些都是未来做公司、办企业的主流趋势。

不管是传统的股东机制,还是"线下众筹"的股东机制,都有股东职责的分工制度,要求股东也要工作,即也要对公司出力。可能传统公司的股东机制,特别是人数众多的公司,对股东出力这点要求比较弱化,更多的是要求股东出钱即可。

在"线下众筹"的股东架构上,特别强调股东要出力,这里的"出力"有要求也有特点,即不能让股东天天为公司做事,一定是要出"顺手的力",不能因项目捆绑住股东,否则就会令股东产生反感和产生抵触情绪,这在平台众筹里反应最为明显,平台众筹兼具公益功能,即为公益就不能强制要求股东干太多的事情。"出力"其实还是来自于缺什么资源补什么资源的逻辑,筹钱固然重要,但筹人更是重中之重。

非法集资里股东的典型表现,一是给投资人虚拟的股权,实际上这种股权承诺仅是表象,目的还是变着法地叫投资人投钱;二是并没有要求投资人为项目办什么事,在操作中没有让股东参与经营和选择管理者,并没有让股东享受真正的权利,唯一的好处就是每月付给股东高息,这从法律法规层面来看,是民间借贷,这些投资人都不是真正意义上的股东。

所以,看公司是否给股东安排出力做事情,也能看出众筹与非法集资的区别。所以笔者总结出一句话:任何不付出劳动而坐享其成的股东投资都有巨大的商业风险，多干点活、多做点事，反而是好事，总比不劳而获遭受欺骗要好很多。

九、是否有好的项目

众筹从融资上来讲融的是"资"，在获得投资方面，一般反应在产品的股权和消费等，给这些回报的基础是得有一个好项目，项目最基本得有两个特点：①要么你的内容好；②要么你的创意好。

项目虽好，创意虽好，但基于初创期的特点，都或多或少会面临缺这缺那的情况，所以单凭融钱解决不了全部的问题，除了融资方或者创业方的发奋努力外，更需要具有技术优势或者资源优势的人的帮助，所以众筹融资融的不仅仅是"资"，还包括人背后的技术或资源等，然后用技术和资源来成就项目内容。

在非法集资里，本身没有项目的定义，即使在对外宣传或标榜有好项目时，它也仅是套钱的工具而已，它的"创意"就是利用各种方法去圈钱，直到融到钱为止。最近市面上又出现了很多新型的网络诈骗手法，集资诈骗往往都是抓住人们不劳而获的心理，去挖空心思地骗大家上当，这种手法虽屡见不鲜，但仍有很多人会接连不断地上当，这种现象很值得社会深思和应对。

众筹融资的创意是对项目本身的改良或创新创意，非法集资的创意是对"圈钱方法"的改良或创新创意，二者具有本质上的区别。

实践中，也有一些融资方想做真正的事情，只是因为方法或者方式的不当，或者是对法律具体规定的不了解，而造成触犯法律、踩到红线，例如承诺保本付高息、公开向社会陌生人融资、人数超过200人、变相发行债券等。现阶段金融市场国家监管比较严格，并没有达到完全放开的程度，从创业创新角度而言，这是机遇也是挑战，要求创业者们，除了要有真心做事的态度外，还要有懂法遵法的具体准备，夯实项目的内容，踏实做事才是化解集资风险的最有效工具。

十、钱是否打到了公司的对公账户上

融资和集资从字面看,功能基本都一样,都起到募集资金的作用。但这个"资"募到后,怎么使用?用到哪里?值得重点考虑。

众筹融资融来的钱,如果是股权众筹,那么该钱的用途会变成股金,属于股东对公司的出资,算作公司的财产。根据《公司法》的规定,公司的财产只能用到公司经营及众筹项目上,收到股东的出资款后就应该把钱打到公司的对公账户上,这叫公司的注册资本,任何个人未经公司股东表决而挪作他用的,可能就会涉嫌职务侵占或挪用资金。

如果是以产品机制做融资,该钱用途就会变得简单得多,属于卖产品,款项性质属于销售回款,这种情况可能由融资方支配的多点。在这种模式下,出钱的消费者与公司之间并没有直接的财务要求和联系,资金的使用风险会小很多,融资方使用钱时也不用经过消费者的同意。

股权融资的钱因为有股权承诺,股权承诺后,出资人即具有股东资格,就享有获得公司盈利分红的权利。该款项被赋予了要帮助公司盈利的属性,故钱的用途必须要用于公司经营范围内的业务,要严格把关。

非法集资里的钱,永远归融资方所有,尽管以各种方式向投资人承诺,但是钱的用途却永远不会改变,那就是永久归融资方使用,这是非法集资里的常态。

钱是否打到了公司的对公账户上构成了合法与违法之间最主要的界限,在投资做项目的时候,看一下公司对公账户上有没有钱也是很重要的一点。

第二节　非法集资类的八种犯罪及相关无罪案例介绍

一、非法吸收公众存款罪

这个罪名在 1995 年出现和确立，1995 年 5 月份《商业银行法》首次提出了非法吸收公众存款。同年 6 月份，全国人大常委会通过的《关于惩治破坏金融秩序犯罪的决定》将非法吸收公众存款罪和集资诈骗罪作为非法集资类犯罪的基本内容。当时设置该罪名的背景，是为了打击未经有权机关批准，向社会公众募集资金的恶意犯罪行为，目的是为了保护国家稳定的金融秩序。

非法吸收公众存款罪因为和融资行为有关，而市场中经常会有商业融资行为，这也是企业和企业家们经常会做的事情，比如企业资金短缺的时候向他人借款，承诺给利息回报。在这种情况下，数量很少、用于生产经营并能及时偿还的就属于正常的资金周转。如果在做项目的时候，公开吸收投资人的存款，并承诺给付利息（高于银行利息的时候），可能就会涉及"非法吸收公众存款罪"，因为这相当于做了银行的业务，扰乱了国家的金融市场秩序。

这个罪是最难把握的一个罪，它的外延比较广。该罪规定在我国《刑法》第 176 条，指非法吸收公众存款或者变相吸收公众存款，扰乱金融秩序的行为。

（1）在认定该罪方面，国家给出了"四个条件"，这"四个条件"须同时具备，才构成犯罪：①未经有关部门依法批准或者借用合法经营的形式吸收资金；②通过媒体、推介会、传单、手机短信等途径向社会公开宣传；③承诺在一定期限内以货币、实物、股权等方式还本付息或者给付回报；④向社会公众即社会不特定对象吸收资金。

未向社会公开宣传，在亲友或者单位内部针对特定对象吸收资金的，不属于非法吸收或者变相吸收公众存款。

理解以上行为时，最需要关注的点就是：向社会公开宣传、承诺还本付息或给付回报、向社会公众吸收资金，如能规避掉这几个点，企业在融资的时候风险就会小些。

具体的规避做法，例如：①不要向社会大众公开宣传，即不要违反"公开性"的要求；②在寻找合伙人的时候不要给分红和保底承诺，做生意就是有赚有赔的事情；③在方式上，不要通过传单、短信等方式在社会上扩散；④在"单位内部"或者"亲友"范围内部进行，现在很流行的股权激励也带有融资的性质，他们的激励对象应该就是单位内部职工，所以风险很小。具体什么是单位内部，目前的司法解释还没有给出非常明确的界定，笔者认为具有营业执照和注册登记的非营利性法人组织都应该属于单位，例如公司、企业、商会、协会、合作社等形式。有的学者指出，在单位内部的职工，也需要是特定职工，例如，有的公司在全国都有分支机构，人数比较多，这些员工就不能被视为是"特定对象的职工"。在亲友方面，以下亲属可被视为亲友：配偶、父母、子女、兄弟姐妹、祖父母、外祖父母、孙子女、外孙子女和有证据证明平时关系密切、交往频繁的其他亲友，亲友的亲友不能再认定为非法集资行为人的亲友。

（2）在犯罪主体和量刑处罚方面，单位和个人都能构成犯罪，并也有数额要求，构成犯罪的标准如下：①个人吸储 20 万元以上，单位 100 万元以上；②个人吸储人数超过 30 人以上，单位 150 人以上；③个人吸储造成损失 10 万元以上，单位 50 万元以上。

（3）在量刑方面，对个人和单位处罚。分别处以 3 年以下有期徒刑或拘役，并处或单处 2 万元以上 20 万元以下罚金；3 年以上 10 年以下有期徒刑，并处 5 万元以上 50 万元以下罚金。

除以上法律规定外，相关司法解释又作了一些规定，比如在民间借贷方面：主要用于正常的生产经营活动，能够及时清退所吸收资金，可以免予刑事处罚；情节显著轻微的，不作为犯罪处理。

司法实务中，在对集资类的犯罪处理方面，办案机关逐渐将重点由抓捕犯罪嫌疑人转变为追回损失，这是受害人的最基本诉求。如果融资者事发后能尽全力偿还债务或退回赃款，征得受害人谅解和理解，就可能免除刑事处罚。

无罪参考案例：广西壮族自治区桂林市中级人民法院［2016］桂03刑终114号、河南省南阳市中级人民法院［2015］南刑二终字第00243号刑事判决等。案例反映了两个基本处理思路：①如果集资款没有打入单位账户、单位没有使用的，单位不构成犯罪；②如果单位员工能够及时归还全部本金并弥补被害人损失的，可以依法免除刑事处罚。

二、集资诈骗罪

"集资诈骗罪"通俗来讲就是说假话诱骗投资人，等骗到钱后把钱花掉。集资诈骗罪是非法吸收公众存款的一个结果犯，即符合非法吸收公众存款的四个条件后，再加上"以非法占有为目的"和"使用诈骗方法"就构成本罪，它的处罚比非法吸收公众存款罪要重些。集资诈骗罪规定在我国《刑法》第192条，指以非法占有为目的，使用诈骗方法非法集资的行为。

（1）什么是"非法目的"，主要有以下情形，符合任意一项即可：①集资后不用于生产经营活动或者用于生产经营活动与筹集资金规模明显不成比例，致使集资款不能返还的；②肆意挥霍集资款，致使集资款不能返还的；③携带集资款逃匿的；④将集资款用于违法犯罪活动的；⑤抽逃、转移资金、隐匿财产，逃避返还资金的；⑥隐匿、销毁账目，或者搞假破产、假倒闭，逃避返还资金的；⑦拒不交代资金去向，逃避返还资金的；⑧其他可以认定非法占有目的的情形。

（2）"集资诈骗罪"没有人数限制，只要满足一定数额就构成犯罪，法律上叫数额犯。在犯罪主体方面，个人和单位都可以构成犯罪。犯罪数额方面分了三个档，各自对应数额较大、数额巨大和数额特别巨大。这三个犯罪数额分别是：个人筹钱10万元、30万元、100万元，单位筹钱50万元、150万元、500万元。

（3）在量刑方面，对个人处罚用刑期，对单位处罚用罚金，并对直接主管人和直接责任人处以刑期处罚，三个量刑标准分别如下：

①判 5 年以下，罚款 2 万元以上 20 万元以下；②判 5 年以上 10 年以下，罚款 5 万元以上 50 万元以下；③判 10 年以上或者无期徒刑，罚款 5 万元以上 50 万元以下罚金或者没收财产。

集资诈骗罪在现实生活中也非常常见，它是非法吸收公众存款罪的后续行为，有的行为人因为不懂法律的具体规定而触犯该罪，最后获得较重的刑罚。例如有的行为人因为生产经营需要而对外多次、多笔借贷资金，因为企业经营不善无法扭亏为盈，携带部分款项逃跑，最后被定性为集资诈骗罪。基于该案例的展现，提醒企业家们，如果是项目失败了要有勇气面对，不能逃避责任，想要争取好一点的处理结果，就要向受害人开诚布公，勇于承担责任，正面取得受害人的谅解。

无罪参考案例：亳州市中级人民法院［2013］亳刑初字第 00056-1 号刑事裁定，检察院以涉嫌集资诈骗罪起诉邱某，该判决几经波折，经最高人民法院审理后撤销原刑事判决，发回重审，重审后宣告邱某无罪，理由是"证据发生变化"，邱某随后提起国家赔偿诉讼，最后获赔" 821 天限制人身自由的赔偿金及百分之二十的精神损害赔偿金数额，并由办案机关为其消除影响、恢复名誉、赔礼道歉"。因本案刑事判决书网上无法搜索到，故在此不再介绍，关于国家赔偿诉讼的经过各位可以参考相关判决书，国家赔偿的判决书案号为：安徽省高级人民法院［2015］皖法赔字第 00001 号。

三、擅自发行股票、公司、企业债券罪

该罪规定在我国《刑法》第 179 条，即未经国家有关主管部门批准，擅自发行股票或者公司、企业债券，数额巨大、后果严重或者有其他严重情节的的行为。

该罪在人数方面分为两种情况，一个是向社会不特定对象公开发行，这里没有人数限制；一个是向特定对象发行，这里要求不超过 200 人。不超过 200 人，是同时来自于我国的《公司法》和《证券法》的规定，在股份公司注册方面，股东人数不能超 200 人；在公司发行证券方面人数超过 200 人得经过批准。

该罪在犯罪行为方面主要有以下几种情况：①发行数额在50万元以上的；②虽未达到50万元以上，但擅自发行致使30人以上的投资者购买了股票或者公司、企业债券的；③不能及时清偿或者清退的；④其他后果严重或者有其他严重情节的情形。上述情形符合任何一条就可能构成犯罪。

在量刑方面，对个人处罚用刑期，对单位处罚用罚金，并对直接主管人和直接责任人处以刑期处罚，即：①处以5年以下有期徒刑和拘役；②并处或者单处非法募集资金金额1%以上5%以下罚金。

未检索到无罪判决案例。在有罪判决案例中，对于主犯的助手，例如副总经理、挂名股东未实际出资、无公司决策权时，法院的裁判思路是不认定其为公司直接负责的主管人员，应作为公司直接责任人员承担刑事责任。参考案例为：广东省深圳市中级人民法院[2015]深中法刑二初字第84号刑事判决。

四、欺诈发行股票、债券罪

该罪规定在我国《刑法》第160条，指在招股说明书、认股书、公司、企业债券募集办法中隐瞒重要事实或者编造重大虚假内容，发行股票或者公司、企业债券、数额巨大、后果严重或者有其他严重情节的行为。根据法律和司法解释的规定，有下列情形之一的应予追诉：

①发行数额在1000万元以上的；②伪造政府公文、有效证明文件或者相关凭证、单据的；③股民、债权人要求清退、无正当理由不予清退的；④利用非法募集的资金进行违法活动的；⑤转移或者隐瞒所募集资金的；⑥造成恶劣影响的。

这个罪的犯罪主体多是单位，以上市公司居多，也包括有限责任公司和其他企业，在特殊情况下，一些自然人也有可能会触犯该罪名。

本罪类似于前面说过的集资诈骗罪，都有虚构事实和隐瞒真相的行为，只是集资诈骗罪的方法有很多种形式，而本罪的行为多是在招股说明书、认股书、公司企业债券募集办法等文件中出现。

本罪与擅自发行公司股票、债券罪也有区别，后者是真实的股票、债券，最起码在本意上没有欺骗的故意，只是没有经过机关批准，或者违法了 200 人的人数限制。而本罪是有欺骗的犯罪意图，把没有的说成有，把假的说成真的来欺骗投资者。在量刑方面，与擅自发行公司股票、债券罪的处罚相同。

在罪轻处罚方面，被告人如有以下情节可予以从轻、减轻或缓刑处罚：①认罪、悔罪态度好；②积极退赃并获得被告人谅解等。参考案例：江苏省盐城市中级人民法院［2017］苏 09 刑初 10 号刑事判决。

五、非法经营罪

非法经营罪，来自于以前的投机倒把罪。这个罪的外延很大，只要有严重扰乱社会市场秩序的行为，在没有更合适罪名的情况下，都有可能归类到这个罪里边，所以很多人比喻它为"口袋罪"。

我国《刑法》第 225 条规定了这个罪的概念，即有下列非法经营行为之一，扰乱市场秩序，情节严重的，处 5 年以下有期徒刑或者拘役，并处或者单处违法所得 1 倍以上 5 倍以下罚金；情节特别严重的，处 5 年以上有期徒刑，并处违法所得 1 倍以上 5 倍以下罚金或者没收财产：

（1）未经许可经营法律、行政法规规定的专营、专卖物品或者其他限制买卖的物品的。

（2）买卖进出口许可证、进出口原产地证明以及其他法律、行政法规规定的经营许可证或者批准文件的。

（3）未经国家有关主管部门批准非法经营证券、期货、保险业务的，或者非法从事资金支付结算业务的。

（4）其他严重扰乱市场秩序的非法经营行为。

以上行为的犯罪内容举例为：①未经许可买卖烟草、石油、矿山、食盐等专营、专卖物品的；②买卖汽车进出口许可证、食品或者货物原产地证明的；③未经批准从事金融类业务项目的；④非法买卖外汇、非法经营出版物、非法经营电信业务等其他严重扰乱市场秩序的行为。

在犯罪主体方面单位和个人都可能构成犯罪，即凡是从事经营行为的人都受本罪的约束。

在犯罪金额方面，根据相关司法解释的规定，个人经营数额在5万元以上的就可能会构成犯罪，这里不再详细赘述。

从民间金融来看，有些高利贷行为有可能被定性为非法经营罪。例如2003年发生于湖北省武汉市的"高利贷第一案"，被告人涂某江等人以个人合法自有资金出借给他人，共计900余万元，约定月息及逾期连本带利月息共为9%，共获利110余万元，后经法院以非法经营罪定罪处罚。该案发生后，也引起了办案机关和学术界的热议，有人认为涂某江以个人名义从事放贷业务，经营了银行的业务，属于非法从事金融业务的行为，且数额巨大，符合其他严重扰乱市场秩序的非法经营行为的条件，应当追责。也有人认为个人或者单位以自有资金对外发放高息贷款的行为目前不宜认定为非法经营罪，因为在进行《刑法》第225条修正的时候未将非法从事金融活动纳入，不符合罪刑法定原则；其次，在以自有资金出借给他人时，如发生损失时也是出借人的损失，并未造成他人损失，而且在实践中法院处理该类案件都是按照民间借贷关系进行判决和调解。如果将此类情形认定为犯罪，不仅会扩大打击面，而且也会影响许多已经生效的民事判决，发生大范围的申诉和抗诉情况；最后，根据《刑法》第225条的规定，任何严重扰乱市场秩序的经营行为必须符合非法的特性，即"违反国家规定"。这里的国家规定指的是违反法律和行政法规的规定，不包括中国人民银行颁布的部门规章（在该规章内规定了民间高利贷），故民间高利贷行为不应认定为非法的根据。

无罪参考案例：福建省泉州市中级人民法院［2014］泉刑终字第1099号刑事判决，该判决书的法院裁判思路：①在判定涉案非法经营的物品时，应该以国家相关部门出台的规定为参照，如没有相关规定就不能认定其为非法物品；②在判定非法经营方面，必须是违反了相关国家部门的明文规定，如未找到该明文规定就不能认定其为严重扰乱市场秩序的非法行为。

六、虚假广告罪

该罪规定在我国《刑法》第222条，即广告主、广告经营者、广告发布者违反国家规定，利用广告对商品或者服务作虚假宣传，情节严重的，处2年以下有期徒刑或者拘役，并处或者单处罚金。

该罪之所以在非法集资类的犯罪中出现，可能是因为一些广告主或者广告经营者违反《广告法》的规定，没有把好自己的业务关，而对非法集资活动相关的商品或者服务作虚假宣传，或者明知他人从事欺诈发行股票、债券，非法吸收公众存款，擅自发行股票、债券，集资诈骗或者组织、领导传销活动等集资犯罪活动，为其提供广告等宣传的行为。

根据相关司法解释的规定，这个罪在主观动机上分为"不知"和"明知"两种。在不知是非法集资犯罪的情况下而进行虚假宣传，此时主要看行为，即只要符合以下条件之一的就视为犯罪：①违法所得数额在10万元以上的；②造成严重危害后果或者恶劣社会影响的；③2年内利用广告作虚假宣传，受过行政处罚2次以上的；④其他情节严重的情形。

在明知的情况下对非法集资犯罪的活动而进行虚假宣传的，按照共同犯罪处理，此时可能会构成共犯。

该罪的犯罪主体主要有三类人：即广告主、广告经营者和广告发布者。具体内容：①广告主，是指为推销商品或者服务，自行或者委托他人设计、制作、发布广告的自然人、法人或者其他组织。②广告经营者是指接受委托提供广告设计、制作、代理服务的自然人、法人或者其他组织。③广告发布者，是指为广告主或者广告主委托的广告经营者发布广告的自然人、法人或者其他组织。

在该罪的犯罪金额上，如果违法所得数额在10万元以上的就可能构成犯罪；在刑期处罚上，对自然人处2年以下有期徒刑或者拘役，并处或者单处罚金，单位犯本罪的，对单位判处罚金，对其直接负责的主管人员和其他直接责任人员以上述规定追究刑事责任。

在罪轻处罚方面，被告人如有以下情节可予以从轻、减轻处罚：①归案后如实供述自己的罪行；②主动退回全部赃款等。

参考案例：江苏省淮安市中级人民法院［2018］苏08刑终34号刑事裁定。

七、擅自设立金融机构罪

擅自设立金融机构罪，是指未经中国人民银行批准，擅自设立商业银行、证券交易所、期货交易所、证券公司、期货经纪公司、保险公司或者其他金融机构的行为。

我国《刑法》第174条规定了本罪，即，未经国家有关主管部门批准，擅自设立商业银行、证券交易所、期货交易所、证券公司、期货经纪公司、保险公司或者其他金融机构的，处3年以下有期徒刑或者拘役，并处或者单处2万元以上20万元以下罚金；情节严重的，处3年以上10年以下有期徒刑，并处5万元以上50万元以下罚金。

擅自设立金融机构罪可以视为是非法集资的准备行为，如后续获得了集资款项，就会适用非法吸收公众存款和集资诈骗等罪名处理。

从我国情况来看，银行以外的其他金融机构，主要有以下几类：①证券交易所；②期货交易所；③证券公司；④期货经纪公司；⑤保险公司；⑥信托投资公司；⑦融资租赁公司；⑧农村信用合作社；⑨城市信用合作社；⑩企业集团财务公司；⑪侨资、外资在我国境内设立的金融机构等。

相关从轻处罚案例：福建省厦门市思明区人民法院在［2015］思刑初字第180号判决中认为，被告人未经国家有关主管部门批准，擅自设立商业银行准备募集资金，其行为已构成擅自设立金融机构罪，但鉴于被告人何某甲犯罪以后自动投案，如实供述自己的罪行，系自首，决定对其依法从轻处罚。

八、组织、领导传销活动罪

我国关于传销的规定出自1997年1月10日原国家工商行政管

理局颁布的《传销管理办法》，后来在 1998 年 4 月，国务院在《关于禁止传销经营活动的通知》里指出，传销经营不符合我国现阶段的国情，已造成严重危害，必须坚决予以禁止，之后人民法院对于传销犯罪都按照非法经营罪追究刑事责任。直到 2009 年，全国人大常委会通过了《刑法修正案（七）》，新增设了一项独立罪名，即组织、领导传销活动罪，作为对传销活动的专属规制罪名，以代替原来的非法经营罪使用。

我国《刑法》第 224 条之一规定了此罪，即组织、领导传销活动罪是指组织、领导以推销商品、提供服务等经营活动为名，要求参加者以缴纳费用或者购买商品、服务等方式获得加入资格，并按照一定顺序组成层级，直接或者间接以发展人员的数量作为计酬或者返利依据，引诱、胁迫参加者继续发展他人参加，骗取财物，扰乱经济社会秩序的传销活动的，处 5 年以下有期徒刑或者拘役，并处罚金；情节严重的，处 5 年以上有期徒刑，并处罚金。

从以上的概念中可以看出，该罪处罚的是组织者和领导者，主要包括以下几种人员：①在传销活动中的发起、策划、操纵、管理、协调、宣传、培训的人员；②曾因组织、领导传销活动受过刑事处罚的人员；③一年以内因组织、领导传销活动受过行政处罚，又直接或者间接发展参与传销活动人员在 15 人以上且层级在 3 级以上的人员；④其他对传销活动的实施、传销组织的建立、扩大等起关键作用的人员。

在关于传销组织层级及人数的认定方面，如组织内部参与传销活动人员在 30 人以上且层级在 3 级以上的，应当对组织者、领导者追究刑事责任。

以单位名义实施组织、领导传销活动犯罪的，对于受单位指派，仅从事劳务性工作的人员，一般不予追究刑事责任。

无罪判决参考案例：河北省石家庄市长安区人民法院［2013］长刑再初字第 4 号刑事判决，裁判理由如下：组织、领导传销活动罪追究的主要是传销的组织者、领导者，指在传销活动中起组织、领导作用的发起人、决策人、操纵人，以及在传销活动中担负策划、指挥、布置、协调等重要职责,或者在传销活动实施中起到关键作用的人员。被告人虽参与传销活动,并发展下线代理商、业务员,获取了一定非法收入,但不属于传销活动组织者、领导者,不应被追究刑事责任。

参考文献

一、书籍类

1. 杨勇：《中国式众筹：互联网革命的下半场》，中信出版集团 2015 年版。
2. 徐志斌：《即时引爆：社交红利 2.0》，中信出版集团 2015 年版。
3. ［美］彼得·德鲁克：《管理：使命、责任、实务》，王永贵译，机械工业出版社 2009 年版。
4. 阿里研究院：《互联网+：从 IT 到 DT》，机械工业出版社 2015 年版。
5. 邱昭良：《复盘+：把经验转化为能力》，机械工业出版社 2015 年版。
6. 蔡聪：《创业公司的动态股权分配机制》，机械工业出版社 2017 年版。
7. 盛佳、柯斌、杨倩主编：《众筹：传统融资模式颠覆与创新》，机械工业出版社 2014 年版。
8. 郭勤贵：《股权众筹：创业融资模式颠覆与重构》，机械工业出版社 2015 年版。
9. 李洋：《互联网+战略下的房地产众筹之路》，中国经济出版社 2016 年版。
10. 杨东、黄超达、刘思宇编著：《赢在众筹：实战、技巧、风险》，中国经济出版社 2015 年版。
11. 陈志武：《金融的逻辑》，上海三联书店 2010 年版。
12. 阮子文：《律师非诉业务的专题讲座》，北京大学出版社 2015 年版。
13. 郭华：《非法集资的认定逻辑与处置策略》，经济科学出版社 2016 年版。

二、操作指引类

《律师办理中小企业投融资法律业务操作指引》（2013 年 3 月 15 日经山东省律师协会七届常务理事会第八次会议审议通过）

三、培训课程类

1. 杨勇：《中国式众筹架构师培训》，北大 1898 咖啡馆。
2. 李俊成：《律师定位与营销策略》，中国律企商学院。